全厚式长寿命沥青路面设计与施工

曾国东 闫翔鹏 李 浩 韩 烨 编著

人民交通出版社

北京

内 容 提 要

本书依托在广东省开展的"南方湿热地区新一代高品质永久性沥青路面服役性能评价研究"的成果编写而成，阐述了适应南方湿热地区的全厚式长寿命沥青路面性能指标、结构设计、施工、检验与验收及应用实例，系统解决了南方湿热地区复杂气候条件下沥青路面温缩裂缝、半刚性基层路面反射裂缝及重载交通下路面疲劳裂缝等典型病害，延长道路使用寿命，并为后续以广东为代表的湿热地区公路建设提供借鉴。

本书可供相关院校师生以及路面设计、施工与研究人员使用。

图书在版编目(CIP)数据

全厚式长寿命沥青路面设计与施工 / 曾国东等编著
. — 北京：人民交通出版社股份有限公司，2024.5
ISBN 978-7-114-19458-0

Ⅰ.①全… Ⅱ.①曾… Ⅲ.①沥青路面—路面设计②沥青路面—道路施工 Ⅳ.①U416.217

中国国家版本馆 CIP 数据核字(2024)第 066340 号

书　　名：	全厚式长寿命沥青路面设计与施工
著 作 者：	曾国东　闫翔鹏　李　浩　韩　烨
责任编辑：	潘艳霞
责任校对：	刘　芹
责任印制：	刘高彤
出版发行：	人民交通出版社
地　　址：	(100011)北京市朝阳区安定门外外馆斜街 3 号
网　　址：	http://www.ccpcl.com.cn
销售电话：	(010)59757973
总 经 销：	人民交通出版社发行部
经　　销：	各地新华书店
印　　刷：	北京市密东印刷有限公司
开　　本：	720×960　1/16
印　　张：	7.5
字　　数：	118 千
版　　次：	2024 年 5 月　第 1 版
印　　次：	2024 年 5 月　第 1 次印刷
书　　号：	ISBN 978-7-114-19458-0
定　　价：	60.00 元

(有印刷、装订质量问题的图书，由本社负责调换)

《全厚式长寿命沥青路面设计与施工》

编写委员会

主　　任：曾国东　闫翔鹏　李　浩　韩　烨

参编人员：周　敏　韦金城　黄红明　徐钦升

　　　　　方　杨　吴文娟　廖泉荣　季正军

　　　　　林仕程　安　平　何博谦　张正超

　　　　　徐　萌　张晓萌　孟大威　阎肖宇

　　　　　李兴荣　谢翠玲　肖护兵　徐希忠

　　　　　戚其俊

PREFACE 前　　言

国外20世纪60年代提出了长寿命沥青路面的概念,随后各国开始了长寿命沥青路面结构的尝试与探索,修建了大量全厚式沥青路面和深厚式高强沥青路面。国外调查研究发现,这些自20世纪60年代修建的沥青路面无结构性损坏的原因在于基本上消除了传统面层底部产生的疲劳损坏,路面的损坏只发生在路面的上部。长寿命沥青路面的设计寿命大于40年,设计使用期内,路面基层或基础没有严重的结构性破坏,仅需对表面层进行功能性维修。我国高等级公路建设初期采用"强基、薄面、稳土基"的设计理论与方法,大部分地区采用半刚性基层沥青路面结构。我国于2004年开始研究长寿命沥青路面,借鉴国外长寿命沥青路面实践经验,提出基于长寿命沥青路面设计理念的设计方法和施工工艺,在合理增大初始投资的情况下,大幅提高公路质量,延长使用寿命。长寿命沥青路面的应用与发展使得传统沥青路面普遍存在的早期病害严重、路面结构使用寿命短等问题得到一定程度的缓解。

广东省地处南方湿热地区,具有重轴载、高胎压、大交通量的交通特性及高温持续时间长、雨水多的特点,沥青路面早期损坏现象频发,不仅造成资源的巨大浪费,还损害了公路交通形象,造成了不良的社会影响和经济损失。本书获得泰山学者工程资助,依托"南方湿热地区新一代高品质永久性沥青路面服役性能评价研究"的成果编写而成,共分为6章,第

1章介绍了长寿命沥青路面的来源、发展历程以及目前研究进展,汇总分析了各国路面结构的主要类型;第2章介绍了全厚式长寿命沥青路面技术,明确了全厚式长寿命沥青路面设计的关键力学指标及高模量沥青混合料的技术标准;第3章确定了适合我国技术规范特点的全厚式高模量结构组合,根据全厚式长寿命沥青路面的损坏模式特点,提出了全厚式高模量沥青路面的设计指标,初步构建了路面结构设计体系,给出了具体设计实例;第4章介绍了全厚式长寿命沥青路面各结构层施工流程,根据各结构层特点,提出了施工过程关键节点,优化了控制参数,以满足各结构层的功能需求;第5章从集料、沥青与沥青混合料、施工过程控制三方面对全厚式长寿命沥青路面进行检验、验收,明确了检验频度和质量要求;第6章以佛清从高速公路作为应用实例,采用本书路面结构设计方法设计了全厚式长寿命沥青路面试验段,并同时设计组合式沥青路面结构作为对比试验段,通过应用实例详细介绍了全厚式长寿命沥青路面的施工工艺,对传统路面结构和两种试验段路面结构进行了全寿命周期的效益分析。本书的出版以期为以广东为代表的湿热地区公路建设提供借鉴。

  限于作者水平和经验,书中错漏之处在所难免,恳请读者批评指正。

作　者
2024年1月

CONTENTS 目 录

1 绪论

1.1 背景 ·· 002
1.2 长寿命沥青路面概念 ··· 002
1.3 沥青路面结构 ·· 005
1.4 全厚式长寿命沥青路面研究进展 ·· 012

2 全厚式长寿命沥青路面技术

2.1 全厚式长寿命沥青路面定义 ·· 028
2.2 全厚式长寿命沥青路面技术优势 ·· 029
2.3 全厚式长寿命沥青路面关键力学指标 ······································ 030
2.4 高模量沥青混合料 ·· 032

3 全厚式高模量沥青路面结构设计

3.1 现有沥青路面设计方法分析 ·· 036
3.2 全厚式高模量沥青路面设计指标 ·· 039
3.3 全厚式高模量沥青路面结构组合 ·· 041

3.4 设计步骤 ……………………………………………………… 042
3.5 设计实例 ……………………………………………………… 044

4 全厚式长寿命沥青路面施工

4.1 改善土施工 …………………………………………………… 052
4.2 异步碎石路基黏结层施工 …………………………………… 057
4.3 级配碎石施工 ………………………………………………… 060
4.4 透层、封层、黏层施工 ……………………………………… 063
4.5 热拌沥青混合料施工 ………………………………………… 066

5 全厚式长寿命沥青路面检验与验收

5.1 集料 …………………………………………………………… 080
5.2 沥青与沥青混合料 …………………………………………… 082
5.3 施工过程控制 ………………………………………………… 085

6 全厚式长寿命沥青路面应用实例

6.1 试验段概况 …………………………………………………… 090
6.2 施工工艺 ……………………………………………………… 097
6.3 效益分析 ……………………………………………………… 103

参考文献

CHAPTER ONE

1

绪论

1.1 背景

从 1988 年开始,我国的公路建设进入了快速发展的时期,交通行业的逐步发展,大大地促进了我国经济发展和社会进步。2022 年底,我国公路总里程达到 535 万 km,其中高速公路总里程达到 17.7 万 km。从交通强国建设,到"双碳"目标推进,从各级"综合交通运输发展规划"到"平安百年品质工程建设",一系列政策、文件无不要求提高基础设施的耐久性,实现交通运输的高质量发展,人们也更企盼着使用更加耐久、平整、安全、舒适、高服务水平的道路。

在道路建设中,占重要地位的高速公路沥青路面,其设计寿命为 15~20 年,也就是意味着每 15~20 年要进行重建。以四车道高速公路沥青路面为例,通常沥青路面的厚度在 75cm 左右,每公里重建产生 17250m^3 垃圾。运营后期以全国每年维修 10000km 进行计算,将产生 1.7 亿 m^3 垃圾。而重建产生的直接费用可能超过 500 亿元人民币。道路使用寿命的延长,对于国民经济的可持续发展有着重要意义。借鉴国外高速公路成熟的经验和理论,探索适合我国长寿命路面结构形式和设计理论与方法,已经成为当务之急。

广东省是我国经济社会发达的地区之一,地处我国南方湿热地区,具有重轴载、高胎压、大交通量的交通特性及高温持续时间长、雨水多的特点。在南方湿热地区开展新一代高品质长寿命沥青路面关键技术研究的基础上,总结形成湿热地区长寿命路面设计与施工技术,对提高路面技术水平和科学研究水平,促进长寿命路面技术的发展与应用具有重要意义。

1.2 长寿命沥青路面概念

路面使用寿命是可以延长的,纵观世界道路史,值得介绍的路面工程当属 2000 年前古罗马的亚壁古道(Via Appia 古罗马军用大道)。《罗马书》在记载这条大道时,给予了至高的评价。亚壁古道堪称是所有随后修建的罗马道路的典范,是罗马帝国的象征。亚壁古道修建初期,只是在土路基础上铺筑碎石和灰浆,即一小层碎石用灰泥抹缝后,构成坚实的地基,然后在灰泥上填满砾石,最终形成石料嵌锁密实整体的平坦路面。据说,一些石料相互嵌锁的程度极好,路面看上去非常精密细致,以至于其缝隙连刀子也插不进去。道路中间呈路拱状,便于排水,路肩设有挡墙保护的边沟。

近代,沥青路面技术的快速发展起于 19 世纪,之后沥青路面技术逐渐比较成熟,形成了完整的工程体系。在这段历史中,许多技术的创新与突破点,为整个沥青路面历史的发展进程起到重要的作用。

1802 年,法国开始使用岩沥青处理地面、桥面和人行道。

1829 年,法国里昂第一次铺筑沥青玛琋脂路面。

1858 年,第一条 50mm 厚的现代沥青玛琋脂路面在法国巴黎铺设。

1870 年,美国新泽西 Newark 铺设了第一条沥青街道路面。

1910 年,拌和机出现,开始了热拌沥青材料的新时代。

1956—1961 年,AASHO 试验路,试验地点:Ottawa,IL:NRC-HRB。

1960 年,开始实施全厚式沥青路面。

1962 年,Michigan 大学举行了国际沥青路面会议 International Conference on Asphalt Pavements。

力学-经验法设计(Mechanistic-Empirical Design)的产生标志着现代路面设计体系的建立。

传统设计认为,在车辆荷载作用下,不管路面多厚,都不可避免地出现疲劳开裂和结构性车辙。

国外自 20 世纪 60 年代以来修建了大量全厚式沥青混凝土路面和深层高强沥青混凝土路面,其中设计、施工良好的路面表现出很好的性能,提供了良好的长期服务性能。全厚式沥青混凝土路面是指沥青混凝土路面层直接修建在处治的或未处治的土基上;深层高强沥青混凝土路面则直接铺筑在粒料基层上。这类路面的特点是路面的总厚度小于传统沥青混凝土路面,基本上消除了传统上普遍存在的疲劳损坏,路面损坏只发生在路面的表层。以此为基础,欧洲学者于1980年最早提出长寿命沥青路面的概念,其长寿命沥青路面结构形式主要为全厚式沥青路面。

英国运输研究实验室(Transport Research Laboratory,TRL)的报告中提出:如果柔性路面设计厚度大于极限厚度,施工状况良好,使用中出现的路表面开裂和车辙损坏在影响结构整体性前得到修复,柔性路面将具有很长的结构服务寿命。西方学者在总结已有道路的使用情况下,提出了长寿命路面的设计理念。长寿命路面是一种新的设计理念,它通过改变传统的路面结构组合、厚度和性能达到延长路面结构寿命的目的。

长寿命沥青路面是指所设计的沥青路面能够使用40~50年以上,采用较厚的沥青层柔性路面,避免沥青层疲劳开裂和结构性车辙。

美国沥青路面协会(APA)定义:永久性沥青路面(Perpetual Asphalt Pavements)[或者叫长寿命沥青路面(Long-life Asphalt Pavements)],是指设计年限达50年的沥青路面。长寿命沥青路面在设计年限内无结构性修复和重建,仅需根据表面层损坏状况进行周期性的修复。

欧洲长寿命路面团体ELLPAG(FEHRL,2004)则采用了一个相似的功能性定义:经过合适的表面维护,路面基础和基层在使用中不会出现明显损坏的路面叫长寿命路面。这个定义主要避免了定义一个寿命长度,如30年、40年或50年。

国外的长寿命路面追求的寿命是50年。典型的长寿命沥青路面结构如图1-1所示。这种路面的要点为:

(1)轮载下100~150mm是高受力区域,也是各种损坏(主要是轮辙)的易发区。

(2)面层为40~80mm厚的高质量沥青混凝土,需为车辆提供良好的行驶表面,应具有足够的表面构造深度、抗车辙、水稳定性好的特点。

(3)中间层为100~180mm厚的高模量抗车辙沥青混凝土,起到连接和扩散荷载应力的作用,应具有高模量、抗车辙的特点。

(4)沥青混合料基层为80~100mm厚的高柔性抗疲劳沥青混凝土,起到消除疲劳破坏的作用,应具备高柔性、抗疲劳、水稳定性好的特点。

(5)最大拉应变产生在沥青混合料基层底部,该区域最易发生疲劳破坏,该区域的弯拉应变,对于控制沥青混凝土层自下而上的疲劳开裂、防止路面过早出现结构性损坏,具有特别重要的意义。

(6)路面基础不仅为沥青混凝土层的铺筑提供良好的工作界面,而且对于路面的变形、抗冻都是至关重要的。

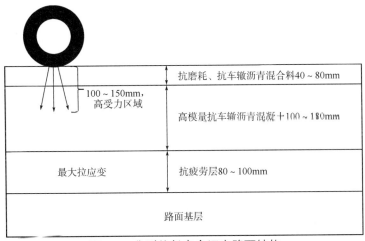

图1-1 典型的长寿命沥青路面结构

长寿命沥青路面结构是由有密水、抗车辙、耐磨耗的面层,抗车辙、耐久的中间层和抗疲劳的沥青混合料疲劳层组合成的路面结构。目前,长寿命路面已经成为世界各国沥青路面研究机构和生产单位最为热门的研究课题。美国、欧洲、加拿大、南非都在进行广泛研究。

1.3 沥青路面结构

沥青路面结构设计的任务是避免路面结构在服役期间发生结构性破坏,这是不同设计方法、不同路面结构类型的共同目标。要实现这一目标,就要综合考虑道路的服役环境、荷载状况、结构组合、材料性能以及经济等因素。路面结构设计是否成功,最终考量的是路面使用性能。本节对国内外沥青路面结构组合、设计方法和指标进行简要总结。

1.3.1 我国高等级公路沥青路面典型结构

经过几十年不断发展完善,我国高等级道路沥青路面结构逐渐形成三种典型结构,即以江苏为代表也是我国大部分地区采用的半刚性基层沥青路面、以山东为代表的半刚性基层上有沥青混凝土连接层的沥青路面结构和以福建省为代表的半刚性基层上有级配碎石过渡层的沥青路面结构,见表1-1。同时,《公路沥青路面设计规范》(JTG D50—2017)将沥青路面结构组方案划分为以无机结合料作基层、以沥青结合料作基层、以粒料作基层、以沥青混合料作磨耗层以及水泥混凝土类材料作下面层的复合式路面。

我国路面典型结构 表1-1

结构一(江苏)	结构二(山东)	结构三(福建)
4cmSMA-13/AC-13	4cmSMA-13/AC-13	4cmAC-13
6cmAC-20	6cmAC-20	6cmAC-20
8cmAC-25	8cmAC-25	15cm 沥青处置碎石
36cm 水稳基层	10~12cmLSPM	15cm 级配碎石
20cm 水泥改善土	18cm 水稳基层	30cm 水稳基层
	20cm 水泥改善土	

注:SMA(Stone Matrix Asphalt,沥青玻璃脂碎石混合料);AC(Asphalt Concrete,沥青混凝土)。

1.3.2 美国沥青路面结构

美国《力学-经验法路面设计指南》将沥青路面结构组合分为6种,即全厚式结构、粒料基层结构、深厚式结构、组合式基层结构、半刚性(水泥基层)结构以及倒装式结构,其典型结构见表1-2。

美国《力学-经验法路面设计指南》典型结构　　　表 1-2

路面类型	全厚式结构	粒料基层结构	深厚式结构	组合式基层结构	半刚性(水泥基层)结构	倒装式结构
面层	热拌沥青混合料	热拌沥青混合料	热拌沥青混合料	热拌沥青混合料	热拌沥青混合料	热拌沥青混合料
基层				沥青稳定碎石	水泥稳定碎石	级配碎石
底基层		级配碎石	级配碎石	级配碎石	级配碎石	沥青或水泥稳定碎石
路基	压实路基或外选材料改善层(天然土基模量 <62MPa)					
	天然路基					

对于沥青路面设计指标,美国《力学-经验法路面设计指南》主要基于两种路面响应分析方法:一是将路面各结构层视为完全线弹性材料,采用层状弹性理论进行分析;二是考虑无机结合料的非线性,基于非线性有限元进行路面结构应力、应变和位移的计算与分析。力学-经验法设计是以控制沥青路面损坏为目的,针对不同的损坏模式采用不同的控制指标,具体见表 1-3。

美国《力学-经验法路面设计指南》中沥青路面设计指标　　　表 1-3
及对应损坏模式

设计指标	对应损坏模式
热拌沥青层顶和底部水平拉应变	热拌沥青层疲劳开裂
热拌沥青层竖向压应变	热拌沥青层永久变形
基层、底基层竖向压应变	基层永久变形
路基顶面竖向压应变	土基永久变形

1.3.3　法国沥青路面结构

法国沥青路面结构形式经历了不断发展的过程,现在主要的结构形式有全厚式、柔性基层、半刚性基层以及组合式基层,其典型结构见表 1-4。

法国沥青路面典型结构　　　　　　　　　　　　　　　表1-4

结构类型		全厚式	柔性基层	半刚性基层	组合式基层
面层	表面层	2.5cm 特薄沥青混凝土、4cm 薄沥青混凝土、4cm 透水沥青混凝土			
	联结层	6cm 半开级配或高模量沥青混合料或4cm 薄沥青混凝土			
基层	基层	14~38cm 高模量沥青混合料、沥青碎石	8~17cm 沥青碎石	22~45cm 水泥稳定碎石	10~15cm 沥青碎石
	底基层		20~35cm 碎石		10~15cm 水泥稳定碎石
路基	改善层	无结合料改善材料、石灰或石灰+水泥或水泥稳定细粒土石灰稳定细料			
	整平层	压实土			
	天然路基	路堤或路堑			

对于路面结构设计,法国基于弹性体系进行设计,设计主流程序为使用 Alize 软件。Alize 软件标准轴载为130kN,轴载换算系数为5,不同材料采用不同的调整系数。法国沥青路面结构及设计指标列于表1-5。

法国沥青路面结构及设计指标　　　　　　　　　　　　表1-5

路面结构类型	图示	设计指标
全厚式沥青路面		沥青混合料各层层底的实际弯拉应变 ε_t,应小于或等于容许弯拉应变 ε_{tadmi};路面承台层顶实际压应变 ε_z,应小于或等于容许压应变 ε_{zadmi}
柔性基层沥青路面		沥青混合料层底的实际弯拉应变 ε_t,应小于或等于容许弯拉应变 ε_{tadmi};粒料层的实际压应变 ε_z,应小于或等于容许压应变 ε_{zadmi};路面承台层顶实际压应变 ε_z,应小于或等于容许压应变 ε_{zadmi}

续上表

路面结构类型	图示	设计指标
半刚性基层沥青路面		沥青混合料层层底的实际弯拉应变 ε_l，应小于或等于容许弯拉应变 ε_{tadmi}；水泥稳定底基层底部的拉应力 σ_t，应小于或等于容许拉应力 ε_{tadmi}；路面承台层顶实际压应变 ε_z，应小于或等于容许压应变 ε_{zadmi}
组合式基层沥青路面		第一阶段：半刚性基层底部拉应力 σ_t，应小于容许拉应力 ε_{tadmi}；路面承台层顶压应变 ε_z，应小于容许压应变 ε_{zadmi}。第二阶段：沥青混合料层层底计算弯拉应变 ε_l，应小于或等于容许弯拉应变 ε_{tadmi}；路面承台层顶实际压应变 ε_z，应小于或等于容许压应变 ε_{zadmi}

1.3.4 英国沥青路面结构

20世纪50~70年代，英国进行了6次大规模的沥青路面结构性能与设计的性能观测验证工作。结果表明，基层采用沥青混合料比其他类型基层材料具有更好的服役性能。因此，沥青混合料基层路面在英国高等级公路中占比最大。

对于水泥稳定碎石基层以及粒料类基层，英国主要将其应用于中、低交通量道路。水泥稳定碎石基层沥青路面也称为服役年限不确定沥青路面。若水不浸入沥青路面结构内部，路面损坏的速度会降低，在第一阶段具有较长的、不确定的使用寿命。粒料类基层沥青路面的主要特点为粒料基层较厚，沥青层较薄，当累计标准轴载作用次数（ESAL）大于1000万次时，不建议采用。英国沥青路面典型结构见表1-6。

英国沥青路面典型结构　　　　　表1-6

结构类型		沥青稳定碎石基层	粒料基层沥青路面	半刚性沥青路面
面层	面层	4~6cm 沥青混凝土	6~20cm 沥青混凝土	15~22cm 沥青混凝土
基层	基层	20~40cm 高模量沥青混合料	18~46cm 级配碎石	10~36cm 水泥稳定碎石
	底基层	10~15cm 级配碎石		
路基(一般需经过压实或一定厚度改善)				

1.3.5 德国沥青路面结构

德国在第二次世界大战期间修建了大量的高速公路,大部分为半刚性基层沥青路面结构。20世纪60年代,联邦德国沥青路面建设迎来了第二个建设热潮,并于20世纪70年代引入了全厚式沥青路面,用以解决级配碎石基层过厚带来的费用过高及运输成本负担过重的问题。在此期间,联邦德国修建了不同沥青层厚度的全厚式沥青路面,以分析和比较其不同的结构性能差异。现在,德国沥青路面结构以柔性基层沥青路面为主要结构形式,一般采用沥青混合料基层,因而沥青层较厚。德国沥青路面典型结构见表1-7。

德国沥青路面典型结构　　　　　表1-7

结构类型		全厚式	柔性基层	半刚性基层	组合式基层
面层	表面层	4cmSMA/密级配沥青混合料/浇注式沥青混合料			
	联结层	4~8cm 密级配沥青混凝土			
基层	基层	8~22cm 密级配沥青混凝土	15~25cm 级配碎石层	15cm 水泥稳定碎石基层	沥青碎石(厚100~150mm)
	底基层				水硬性结合料处置(厚180~280mm)
路基	防冻层	粒料层(厚度由冰冻厚度确定)			
	天然路基	路堤或路堑			

1.3.6 南非沥青路面结构

在南非沥青路面结构设计中,无论交通量大小,半刚性基层上不会直接铺设沥青层,一般会设置一定厚度的防水隔裂层。但值得注意的是,南非沥青路面的沥青层并不是太厚。交通量较小时,级配柔性基层上沥青层厚度仅为5cm,但采用半刚性基层时,沥青层则最小为16cm,这与我国普遍使用的半刚性基层沥青路面相似。交通量较大时,级配碎石上也仅有5cm厚的沥青层,但使用刚性基层时,则至少需要23cm沥青层。南非沥青路面典型结构见表1-8。

南非沥青路面典型结构 表1-8

标准轴次	$10 \times 10^6 \sim 30 \times 10^6$		$30 \times 10^6 \sim 100 \times 10^6$	
面层	5cm 沥青面层			
基层	15cm 级配碎石	12cm 沥青基层	10~20cm 水泥稳定天然砾石	8~18cm 热拌沥青混合料
底基层	40cm 水泥稳定天然砾石		30~45cm 水泥稳定天然砾石	
路基	顶部150mm 翻松,重新压实			

1.3.7 其他国家沥青路面结构概况

由于所处地域、交通组成及交通量差别较大,各国沥青路面结构组合及沥青层厚度差别甚大。其他国家沥青路面结构特点及典型结构见表1-9。

其他国家沥青路面结构特点及典型结构 表1-9

国家	沥青路面结构特点	典型结构组合
日本	多采用两层沥青面层,以较厚的沥青稳定碎石作为基层	18~20cm 沥青面层 + 10~30cm 沥青稳定碎石基层
西班牙	沥青路面以柔性基层为主,部分高速会采用半刚性基层,但半刚性材料只作为底基层	8~15cm 沥青面层 + 6~20cm 沥青稳定碎石基层 + 半刚性底基层
意大利		10cm 沥青面层 + 15cm 沥青稳定碎石基层 + 20cm 半刚性底基层
比利时		22~25cm 沥青面层 + 20cm 半刚性底基层

续上表

国家	沥青路面结构特点	典型结构组合
波兰	采用沥青层较厚的半刚性基层路面	18cm 沥青面层 + 27cm 半刚性基层 + 12cm 水泥石屑
俄罗斯	采用级配碎石基层或级配碎石下卧半刚性底基层	5cm 细粒式沥青混凝土 + 10 ~ 20cm 粗粒式沥青混凝土 + 20 ~ 20cm 级配碎石
印度	以级配碎石基层为主,较少采用半刚性基层	16cm 沥青面层 + 30cm 级配碎石基层 + 35cm 粒料底基层 + 粉煤灰改善土

1.3.8 各国沥青路面结构小结

综上,世界各国沥青结构特点可总结如下:

(1)全厚式沥青路面。全厚式沥青路面,在美国、法国、德国以及加拿大等国家得到了广泛应用并成为这些国家高等级道路主要结构形式,在重载交通上也得到大量应用。

(2)柔性基层沥青路面。柔性基层沥青路面是各国主要沥青路结构形式之一。柔性基层沥青路面大致可分为两类:薄沥青层 + 厚沥青基层以及厚沥青层 + 粒料底基层,前者主要用于中、低等交通量道路中,后者在美国被称为高强度沥青路面,采用一定厚度的沥青稳定碎石基层。

(3)半刚性路面。基层完全为半刚性材料的沥青路面在国外应用较少,由半刚性基层衍生出的复合式结构以及倒装式结构在国外有一定的应用。而我国则主要采用半刚性基层沥青路面,对于其他结构也铺筑了大量试验路,路面结构逐渐向多元化方向发展。

1.4　全厚式长寿命沥青路面研究进展

长寿命沥青路面的概念由英国的 TRL 的 Nunn 等人提出,其研究内容主要包括材料选择、混合料设计、性能测试和路面设计理论,这种路面结构只需要定期(一般20年左右)进行罩面层的维修。

美国长寿命沥青混合料路面的修筑已有几十年的历史,通过对道路服役周期长、路面性能好的典型路面的研究表明,华盛顿跨境长达90km的州际厚沥青(>200mm)混凝土路面上,没有一个路面部分由于结构原因进行修复的。路面的寿命在23~35年之间,深厚式沥青混凝土路面(AC)占这条路总长的40%。

在由荷兰交通部门开展的道路与水利工程研究中,为了核查各种路面设计方法,共检测了176段柔性路面,其结果显示,对于厚度远超过160mm的沥青面层的道路,其产生的表面裂缝一般不会发展到整个沥青层。而面层厚度小于160mm的道路的沥青层布满了上下贯通的裂缝。

全厚式沥青路面(路基以上全是沥青层)和深厚式沥青路面(路基以上有沥青面层和沥青基层)起初设计年限都是20年。这些设计的最大优势之一就是沥青路面总厚度比传统的碎石基层沥青路面薄。

当全厚式和深厚式沥青路面超出设计年限外,大部分只需进行表面修复,例如稀浆封层和罩面,加快了维修速度且节省了经费。当前,我们所面临的挑战就是在长寿命沥青路面结构不破坏的基础上获得长的路面表层寿命。

从部分国家高等级公路采用较多的沥青路面结构(表1-10)来看,沥青路面结构以柔性基层沥青路面为主,以组合式基层路面结构、刚性基层路面结构、半刚性基层路面结构等为辅。高等级公路对路面基层要求较高,一般用沥青稳定碎石作基层的上层,而且用沥青作结合料的结构层的总厚度常大于20cm。即便是半刚性基层应用较多的国家,如法国等,其路面结构与我国的半刚性基层沥青路面也有较大的不同。

部分国家高等级公路采用较多的沥青路面结构　　　表1-10

国家	沥青面层及厚度	基层及厚度	底基层及厚度
美国	沥青混凝土(4cm+9cm)	沥青贯入(17.5cm+) 水泥碎石(16cm)	砂砾(25cm)
	沥青混凝土(5cm)	沥青碎石(19cm)	砂砾(15cm)+ 加固层(15cm)
	沥青混凝土(7cm)	沥青碎石(12cm)	级配砂砾(75cm)

续上表

国家	沥青面层及厚度	基层及厚度	底基层及厚度
德国	浇注式沥青混凝土(3.5cm)+沥青混凝土(3.5cm+5cm)	砂砾沥青混凝土(18cm)	贫混凝土(15cm)+防冻层(30cm)
德国	沥青混凝土(4cm+3cm+5cm)	沥青稳定碎石(18cm)	级配砂砾(15cm)+防冻层(30cm)
德国	沥青混凝土(12cm以上)	水泥结粒料(>18cm)	
法国	沥青混凝土(3cm+4cm)	沥青碎石(16cm)+水泥处治粒料(10~35cm)	砂底基层(15cm)
荷兰	沥青混凝土(4cm+4cm)	沥青稳定砂砾(12~18cm)	水泥稳定砂砾(15~40cm)
瑞士	沥青混凝土(3cm+4cm)	沥青碎石(11cm)	砂砾(30cm)+水泥处治砂砾(20cm)
瑞典	沥青混凝土(5cm)	沥青碎石(7.5cm)	水泥稳定砂砾(18cm)
波兰	中粒式+粗粒式沥青混凝土(3cm+7cm)	沥青碎石(8cm)+水泥石屑(27cm)	水泥石屑(路拌)(12cm)+砂砾(50cm)
澳大利亚	沥青混凝土(7.5cm)	级配碎石(15cm)+石灰稳定砂(30cm)	补强层(25cm)
日本	中粒式+粗粒式(10cm)	沥青碎石(15cm)	水泥稳定碎石(25cm)

近年来,国内外都在进行长寿命沥青路面的实践探索。以下介绍一些长寿命沥青路面的实践情况。

1.4.1 美国加利福尼亚州研究进展

美国加利福尼亚州在 I-710 州际公路上修筑了一条长寿命沥青路面,该工程于 2001 年夏开工,2002 年夏竣工。这条公路被称作 LongBeach 高速路,设计使用年限 40 年,累计轴载作用次数 1 亿~2 亿次。旧的路面结构由上到下依次为 200mm 水泥混凝土层、100mm 水泥处治材料层、100mm 粒料基层、200mm 底基层。

全厚式路面结构沥青部分总厚 300mm,采用 75mm 的抗疲劳层,该层的沥青用量超过最佳用量 0.5% 达到了 5.2%,增加的沥青用量用以提高沥青的疲劳寿命。150mm 厚的中间层所用材料的级配和沥青与沥青基层相同,但沥青含量为 4.7%。中间层采用针入度较低的沥青有助于抵抗车辙。上部的 75mm 面层结构采用聚合改性结合料 PBA-5A,上覆 25mm 大孔隙开级配排水式沥青磨耗层（OGFC）。

复合式路面结构的沥青总厚 200mm,不包括抗疲劳底层。旧面层开裂且与基层材料紧密接触的旧水泥混凝土层为沥青层提供了刚性基础,并能防止过大弯拉应力造成由下而上的疲劳开裂。

除此之外,用于复合式路面结构的材料与全厚式路面结构的材料完全相同。和全厚式路面结构一样,磨耗层采用 25mm OGFC。所设计全厚式沥青路面结构是否合理,可根据单轴载为 80kN 时沥青层的弯拉应变是否小于 $70\mu\varepsilon$ 及路面顶面垂直压应变是否小于 $200\mu\varepsilon$ 来判定。同时还需观测沥青表面层的剪切应力,以确保沥青层不发生车辙、推移等剪切破坏。

1.4.2 美国威斯康星州研究进展

美国威斯康星州也修筑了长寿命路面试验路段。2000 年,在该州 50 号高速公路上已经建成了 5 个试验段;2002 年,在 2 个货车称重站附近建成 2 个试验路段。具体见表 1-11。

美国威斯康星州长寿命试验路段的结构组合　　　　　表 1-11

试验路位置	试验路段	结构层	厚度（mm）	沥青 PG 分级	空隙率（%）
Geneva Lake	长寿命路段	磨耗层	50	58~28	6
		中间层	90	64~22	6
		HMA 基层	90	64~22	4
		沥青层总厚	230	—	—
	长寿命路段（WisDOT）	磨耗层	50	64~28	6
		中间层	90	58~28	6
		HMA 基层	90	58~28	6
		沥青层总厚	230	—	—

续上表

试验路位置	试验路段	结构层	厚度（mm）	沥青PG分级	空隙率（%）
Geneva Lake	长寿命路段	磨耗层	50	58~28	6
		中间层	90	70~22	6
		HMA基层	90	70~22	4
		沥青层总厚	230	—	—
	传统路段沥青层(230mm)	磨耗层	50	58~28	
		中间层	90	58~28	
		HMA基层	90	58~28	
		沥青层总厚	230	—	
	传统路段沥青层(180mm)	磨耗层	40	58~28	
		中间层	70	58~28	
		HMA基层	70	58~28	
		沥青层总厚	180	—	
货车称重站	试验路段1	磨耗层	50	76~28	
		中间层	130	70~22	
		HMA基层	100	58~28	
		沥青层总厚	230	—	
	试验路段2	磨耗层	50	70~28	
		中间层	130	70~22	
		HMA基层	100	64~22	
		沥青层总厚	230	—	

GenevaLake路20年单向累计轴载作用次数为200万次，该路段上建成的5个试验段中有3个长寿命路段及2个传统路段。3个长寿命路段按照沥青结合料的等级和压实度进行设计。货车称重站路段20年累计标准轴载作用次数为7500万次。沥青层下的结构层由100mm的开级配基层和430mm的碎石集料基层构成。相对高速公路主干道而言，这里的交通状况更差，因为重型货车以较慢

的车速通过关卡,更易造成路面车辙。

1.4.3 美国密歇根州研究进展

美国密歇根州沥青路面协会与 Fugro-BRE 有限公司合作,开发出一种用于长寿命路面结构设计程序。VonQuintus 运用力学方法并使用 ELSYM5 计算机程序来计算路面结构的应力和应变,这种方法提出了一种观念,即设计年限超过 40 年的面层结构的选择决定于累计损坏。VonQuintus 采用这一方法来确定长寿命路面各结构层厚度的合理范围,表 1-12 即为上述路面结构厚度设计表。密西根州路面基层由 1m 厚的抗冻层及上覆盖层构成。设计年限为 20 年时,当设计累计标准轴载作用次数为 300 万~1000 万次时,上覆层采用碎石集料底基层;当设计累计标准轴载作用次数为 2000 万~3000 万次时,上覆层采用碎石基层。表 1-12 对 HMA 混合料的类型选择提供了指导性意见。四种不同交通水平的道路,其面层总厚度范围为 290~425mm。VonQuintus 建议,HMA 基层需保证 3% 的间隙率,以缓解由下而上的疲劳开裂。面层混合料根据设计使用年限 20 年累计标准轴载作用次数进行选择,当累计标准轴载作用次数为 300 万~1000 万次时,采用密级配沥青混合料;当累计标准轴载作用次数为 2000 万~3000 万次时,选用 SMA。

路面结构厚度设计表　　　　　　　　　　表 1-12

20 年公路交通标准轴载作用次数 (ESAL) ($\times 10^6$)	3	10	20	30
HMA 层厚度(mm)	290	345	370	405
SMA(mm)	—	—	65	55
Superpave(mm)	50	50	—	—
中间层(mm)	115　90	140　110	140　125	150
HMA 基层(mm)	125　50	155　180	165　180	190
粒料基层(mm)	—	—	330	430
粒料底基层(mm)	380	—	—	—
不受霜冻影响的土(m)	345	315	220	200

续上表

第一次维修	时间(年)	20	15	15	15
	铣刨/置换(mm)	50/50	50/100	65/115	65/115
第二次维修	时间(年)	32	30	30	30
	铣刨/置换(mm)	50/50	50/50	50/50	50/75

1.4.4 我国研究进展

从我国典型高速公路沥青路面结构(表1-13)来看,在现阶段,半刚性基层沥青路面仍是高等级公路路面的主要结构类型,路面结构比较单一,这主要受当时经济建设水平的制约,同时也反映了当时高速公路建设的现状和水平。

我国典型高速公路沥青路面结构　　　　　　　　　表1-13

路名	面层及厚度	基层及厚度	底基层及厚度
沪嘉高速公路	中粒式+粗粒式+沥青贯入(17cm)	粉煤灰三渣(46cm)	砂砾(20cm)
广佛高速公路	4cm 中粒式+5cm 粗粒式+6cm 沥青碎石(15cm)	水泥级配碎石或石屑(25cm)	水泥石屑或水泥土(28cm)
沈大高速公路	5cm 中粒式+5cm 粗粒式+5cm 沥青碎石(15cm)	水泥砂砾(20cm)	砂砾或矿渣(20cm)
京津塘高速公路	中粒式+粗粒式+沥青碎石(23cm)	水泥稳定粒料或石灰粉煤灰碎石(25cm)	石灰土或水泥土(35cm)
京石高速公路(北京段)	细粒式+中粒式+沥青碎石(15cm)	水泥砂砾(20cm)	二灰砂砾(20cm)
京石高速公路(河北段)	3cm 中粒式+5cm 沥青碎石(8cm)	水泥碎石(12cm)+二灰碎石(20cm)	石灰土(43cm)
广深高速公路	4cm 中粒式+18cm 粗粒式+10cm 沥青碎石(32cm)	水泥碎石(23cm)	级配+未筛碎石(55cm)

我国除京津塘和广深高速公路沥青层较厚外,其余高速公路的面层厚度一般均在15~18cm之间,极少数甚至不足10cm。广深高速公路沥青层厚32cm,

其中面层厚22cm,基层采用组合式,上基层为10cm的沥青碎石,下基层为23cm水泥稳定碎石,底基层采用23cm的级配碎石,垫层为厚22~32cm的未筛分碎石;京津塘高速公路沥青混合料层厚23cm,其中包括12cm的沥青碎石上基层。从使用情况来看,这两条高速公路早期破坏现象较其他高速公路少。广深高速公路全路段路面检测数据显示,裂缝类的破坏比较少,可知较厚的面层对防止反射裂缝、疲劳裂缝的产生起到了至关重要的作用,从而也减少了路面因裂缝而产生的各类早期破坏现象。

基层多采用水泥、石灰、粉煤灰等无机结合料稳定粒料,根据层厚分一到两层铺筑,从使用情况较好的广深高速公路、京津塘高速公路来看,上基层采用沥青碎石等柔性基层能有效地减少裂缝病害的发生,底基层一般根据当地建筑材料铺筑。

我国对永久性沥青路面的研究起于2004年。2000年以后,我国高速公路的许多早期损坏促成道路工作者对沥青路面结构进行进一步的思考。一些高等院校和科研机构为了提高路面的使用寿命开始进行相关的研究。本书就是早期的项目研究成果之一。除本书依托的项目外,国内先后开展的主要研究项目有广东云浮高速公路长寿命路面试验路、江苏沿江高速公路多种长寿命沥青路面试验路、河南尉许高速公路长寿命刚性组合式路面试验路等。

1)广东云浮长寿命路面试验路

2004年,同济大学在广东云浮铺筑了三种长寿命路面试验路,并于同年底开放交通,采用的路面结构如下。

(1)长寿命柔性路面。

长寿命柔性路面(K18+260~K18+800左幅),磨耗层为聚合物改性沥青SMA-13,厚4cm;中间层为紧密骨架密实结构SAC-20I(碎石沥青混凝土,加1%橡胶粉形成高模量沥青混凝土),其功能是抗永久变形,厚13cm;下面层为AC-25I抗疲劳层(级配偏细),厚15cm,沥青面层总厚32cm。

基层为厚20cm 2%水泥碎石,底基层为20cm级配碎石,路面总厚度为72cm。

从整个路面结构组成设计看,此试验路与国外的长寿命柔性沥青路面结构类似。

(2)组合式基层沥青混凝土面层。

组合式基层沥青混凝土面层(32cm)(K17+818~K17+940左幅),该段表面层为4cm聚合物改性沥青SMA-13;中间层为高模量沥青混凝土AC-20I;底面层为抗疲劳层(级配偏细,沥青偏多),厚20cm 4%水泥稳定碎石基层、15cm级配碎石底基层。

(3)半刚性基层沥青路面。

半刚性基层沥青路面(K18+800~K19+300左幅),表面层为4cm厚改性沥青SMA-13;中间层为13cm厚高模量沥青混凝土抗车辙层,SMA-20I分两层施工;底面层为8cm厚AC-25I(级配偏细,沥青用量偏多)抗疲劳层,沥青面层总厚32cm;底基层为15cm厚级配碎石。

项目负责人于2008年3月专程访问了国内第一条长寿命柔性路面试验路。由于云浮是大方块饰面石板加工基地,虽然试验路所在地区交通量不大,但货车载重量不小。沥青面层已产生严重辙槽,沥青混凝土产生了严重剪切形变。由于车辙两侧沥青面层鼓起过高影响交通,不得不局部铲平。同时,此试验路还有多处已修补的坑洞式水破坏。试验路附近常规的半刚性基层沥青路面路段却没有这些破坏现象。该试验路的失败,可能是施工等原因造成的。

2)江苏沿江高速公路多种长寿命沥青路面试验路

在江苏省高速公路指挥部统一安排下,2004年8月,交通部公路科学研究所与东南大学共同在江苏省沿江高速公路上铺筑了约5.693km长的多种长寿命路面试验路。路面结构总厚度均是76cm。

(1)长寿命柔性路面。

长寿命柔性路面(K173+513~K174+524,长1011m)。第一段称长寿命柔性路面,其路面结构为4cm(SMA-13)+6cm(AC-20I)+8cm(AC-25I)改性沥青混凝土(SBS)面层(以下第3段和第4段的面层相同),下方为2×9cm AH-70沥青稳定碎石基层,再下方为9cm富改性沥青抗疲劳层、16cm级配碎石底基层、

15cm 二灰土工作平台。从路面结构组成角度分析，试验路设计理念与澳大利亚重载交通柔性路面设计理念基本相同。其差别主要有两点：一是澳大利亚在工作平台上的沥青混凝土层总厚只有 27cm，此长寿命柔性路面试验路在工作平台有 45cm 厚沥青混凝土；二是澳大利亚的沥青混凝土基层使用了 AH-20 硬沥青，而此长寿命柔性路面使用的是价格高得多改性沥青，但其抗永久形变能力却比 AH-20 硬沥青差得多。

(2) 刚性组合式路面。

刚性组合式路面(K174+524~K175+164，长 640m)，其路面结构为 4cm 厚 SBS 改性沥青 SMA 面层+6cm 改性沥青 AC-20+26cm 厚连续配筋水泥混凝土+20cm 厚水泥碎石+20cm 二灰土。

刚性组合式路面(K175+164~K175+765，长 601m)，其路面结构为 6cm 改性沥青 SMA+24cm 连续配筋混凝土+26cm 水泥稳定碎石基层+20cm 厚二灰土底基层。

(3) 倒装式厚沥青面层结构。

倒装式厚沥青面层结构(K175+765~K177+515，长 1750m)，其路面结构为 18cm(4cm+6cm+8cm)沥青混凝土面层，其下方为厚 7cm AH-70 沥青稳定碎石基层(沥青胶结料层总厚 25cm)，再下方为 15cm 厚级配碎石、16cm 厚水泥碎石、20cm 厚二灰土。

(4) 半刚性基层厚沥青面层。

半刚性基层厚沥青面层(K177+515~K179+134，长 1619m)。SBS 改性沥青混凝土面层(4cm+6cm+8cm)共 18cm，下方为厚 7cm AH-70 沥青稳定碎石，再下方为 31cm 厚水泥碎石基层，20cm 厚二灰土底基层。

这五种试验路按照不同时间，采用落锤式弯沉仪(Falling Weight Deflectometer,FWD)检测路表弯沉，并换算成相当于轴载 100kN、轮胎气压 0.7MPa 时贝克曼梁测的值(表 1-14)，其中 0.95 代表弯沉值具有 95% 概率。不同时间测得的辙槽深度见表 1-15。此试验路的地基和土基的施工相当严格认真。由于沿线都是水稻田地区，将田地表层的植物根系挖除后，先用石灰处理原地基。修筑路基时,如土的含水率偏大,难以达到规定压实度时,采用5%石灰处治,再碾压密实。到土基上层80cm(俗称95区)时,不论土的含水率是否合适,一律都用8%石灰土处治。

试验路代表弯沉值 $L_{0.95}$(单位:mm)　　　　　　　表1-14

路段	检测时间		
	2004.11	2005.7	2005.12
一	0.054	0.038	0.118
二、三	0.014	0.013	0.063
四	0.098	0.083	0.101
五	0.032	0.034	0.081

各段的辙槽深度　　　　　　　表1-15

路段	路面结构	辙槽深度(mm)
一	柔性路面7.2mm	3.0(10cm面层)
二、三	10cm厚沥青混凝土面层,连续配筋混凝土	4.0(6cm面层)
四	25cm厚沥青混凝土倒装式结构	7.0
五	半刚性基层25cm厚沥青混凝土面层	9.0

虽然路基这样严格认真处治了,但是路面的承载能力还是在增大,第一段柔性路面过一年增大约1倍,过两年几乎又增大21%,仅第三段的代表弯沉值无明显增大,可能是路基不均匀性引起。

3)河南尉许高速公路长寿命刚性组合式路面试验路

河南尉许高速公路长64km,全线都按长寿命刚性复合式路面设计与施工,这是国内最长的一条长寿命路面结构高速公路。其路面结构为4cm改性沥青混凝土层+2cm应力吸收膜中间层(其功能是减少反射裂缝)+28cm水泥混凝土+1.5cm防水联结层+18cm二灰碎石基层+20cm石灰土或固化剂路基改善层,路面总厚度73.5cm。

2004年，交通部和山东省立项并和美国合作开展了长寿命路面研究，初步构建了长寿命路面设计指标和设计参数体系，为建立山东省和我国长寿命路面设计体系提供了初步基础，也为今后长寿命路面结构和材料研究发展提供了平台，成果在高速公路路面结构设计理论、路面受力状态检测技术和路面受力实时响应等方面实现突破，为提高高速公路的使用寿命作出了重要贡献。2005年，中美合作在长深高速公路滨州段修建了5km长寿命沥青路面试验路（图1-2），对重载交通荷载作用下的长寿命沥青路面进行长期性能观测。试验路结构一至结构三为全厚式长寿命沥青路面结构，结构四为组合式基层长寿命沥青路面结构，结构五为传统半刚性基层沥青路面结构。试验路开放交通至今，行车道累计标准轴载作用已经超过1亿次。试验路安装了具备实时路面结构响应（轴载谱、温度场、湿度、应力、应变）监测条件的传感器检测系统，为重载作用下长寿命沥青路面性能研究积累了大量数据资料，也为全厚式沥青路面疲劳损伤研究创造了条件。

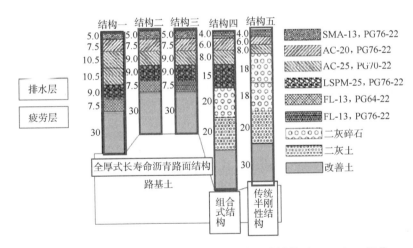

图1-2　长深高速公路滨州段长寿命沥青路面试验路结构（2005年，单位：cm）

近年来，随着砂石资源的日益短缺、石料价格的上涨，全厚式长寿命路面以其较薄的路面结构厚度、更经济的全寿命周期费用以及更好的路面使用性能逐渐开始得到应用。

4)辽宁省长寿命沥青路面试验路

辽宁省交通科学研究院对三种长寿命沥青路面进行了力学分析,并选取结构三进行了加速加载试验,具体结构见表1-16。

辽宁省长寿命沥青路面结构　　　　　表1-16

结构一	结构二	结构三
4cm SMA-13	4cm SMA-13	4cm SMA-16
6cm LAC-20	6cm LAC-20	7cm LAC-20
8cm AC-25	8cm AC-25	12cm ATB-25
20cm 水泥稳定碎石	12cm 密级配沥青碎石	5cm AC-13
20cm 水泥稳定砂砾	24cm 级配碎石	18cm 级配碎石
16cm 水泥稳定砂砾	20cm 水泥稳定碎石	20cm 水稳碎石
15cm 级配砂砾	土基	15cm 级配碎石
土基		土基

5)鹤大高速公路长寿命沥青路面试验路

哈尔滨工业大学对鹤岗至大连高速公路(鹤大高速公路)通化至新开岭段铺设了四种长寿命沥青路面结构,具体见表1-17。

鹤大高速公路长寿命沥青路面结构　　　　　表1-17

结构一	结构二	结构三	结构四
5cm SMA-16	5cm SMA-16	5cm SMA-16	5cm SMA-16
7cm AC-20	7cm AC-20	7cm AC-20	7cm AC-20
10cm ATB-25	15cm ATB-25	12cm ATB-25	10cm ATB-25
12cm ATB-30	20cm 级配碎石	5cm AC-13	32cm 水稳碎石
20cm 级配碎石	20cm 级配碎石	15cm 级配碎石	16cm 水稳碎石
30cm 水稳山砂	5cm 砂砾垫层	30cm 水稳碎石	土基
20cm 砂砾垫层	土基	土基	

6)秦皇岛长寿命沥青路面试验路

秦皇岛长寿命沥青路面是根据2005年交通部"重载交通长寿命半刚性沥青路面关键技术研究"项目而铺筑的试验路,于2007年12月通车。试验路主体分面层、基层、底基层,总厚88cm,其中半刚性材料层厚76cm(图1-3)。

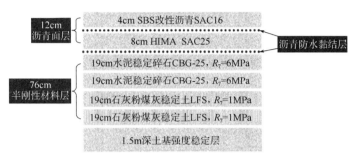

图1-3 秦皇岛长寿命沥青路面试验路结构图

7)内蒙古准兴重载高速公路长寿命沥青路面试验路

内蒙古准兴(准格尔—兴和)重载高速公路是内蒙古自治区"十一五"规划重点项目和西部大开发重点项目,列入"内蒙古自治区高速公路网规划",为省级公路。该项目全线按照双向五车道的重载高速公路标准设计建设。采用水泥混凝土路面,项目区属于典型的中温带大陆性气候,冬季漫长而寒冷,夏季炎热而短促。春秋气温变化剧烈,极端最低温度为-34.5℃,极端最高气温为37.5℃,温差大等气候因素容易造成路面开裂、车辙等病害,这给重载长寿命路面施工提出了更高的要求。内蒙古准兴重载高速公路长寿命沥青路面结构见表1-18。

内蒙古准兴重载高速公路长寿命沥青路面结构　　表1-18

结构层序号	结构形式	结构层序号	结构形式
1	4cm SBS 改性沥青,SAC	6	19cm CBG-25 水稳碎石
2	SBS 沥青防水黏结层	7	19cm 水泥稳定砂砾
3	8cm SAC-25	8	19cm 水泥稳定砂砾
4	SBS 沥青防水黏结层	9	路基
5	19cm CBG-25 水稳碎石	—	—

8)青临高速公路长寿命沥青路面试验路

青临高速公路长寿命沥青路面试验路有组合式基层、级配碎石基层、级配碎石基层、半刚性基层、连续配筋混凝土(CRCP)等8个典型结构组合。同时,基于法国高模量(EME)设计理念的高品质沥青混合料在该路段首次使用(图1-4)。

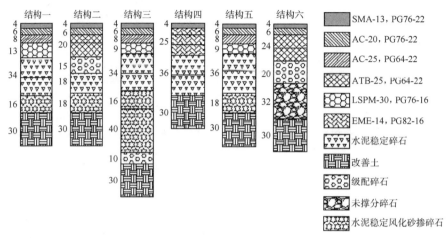

图 1-4　青临高速公路长寿命沥青路面试验路结构（2012 年）

对山东省内的京沪高速公路青州至临沭段 200 多公里的路面服役状态进行检测与评价，通车使用的 7 年内无任何结构破坏，所有检测指标均较为优秀，验证了设计的长寿命路面结构的可行性和可靠性。

9）济莱高速公路长寿命沥青路面试验路

对山东省内济南至莱芜高速公路 2014—2016 年的路面服役状态进行检测与评价，得到路面结构的服役状态整体较好，证明济莱高速公路的路面结构设计具有可行性（图 1-5）。

年份	折合日交通量	PCI	RQI	RDI	SRI	PQI
2008						
2009	10988	99.97	94.09	90.34	97.35	95.91
2010	13727	99.53	94.35	86.67	97.44	95.32
2011	15133	99.18	94.26	81.91	96.15	94.32
2012	17200	98.45	94.49	89.35	96.21	95.28
2013	13918	98.01	94.16	86.27	87.66	93.67
2014	14326	97.97	93.63	92.64	87.66	94.40
2015	14891	97.44	93.82	90.25	95.35	94.71
2016	18886	98.12	94.08	93.82	95.35	95.58
2017	36021	95.79	94.12	91.77	94.62	94.40
2018	39880	97.02	94.34	93.57	94.62	95.19

时间	主要养护方案	主要投入（万元）
2008—2014	无	0
2015	● 10mmMS-3型微表处	54.7
2016	无	0
2017	● 含砂雾封层 ● Ⅱ型6mm低噪抗滑超表处 ● 1cm微罩面	326.3
2018	● 含砂雾封层 ● Ⅲ型8mm低噪抗滑超表	245.7

路面结构：4cm SMA-13 / 6cm 改性沥青AC-20 / 8cm 70号沥青AC-25 / 12cm 改性沥青LSPM-30 / 18cm水稳定碎石 / 18cm水稳定碎石 / 18cm水泥稳定风化砂 / 土基

主要病害类型：局部路段(桥面铺装)自顶向下表面裂缝

图 1-5　济莱高速公路长寿命沥青路面试验路结构（2007 年）

CHAPTER TWO   2

全厚式长寿命沥青路面技术

2.1 全厚式长寿命沥青路面定义

长寿命沥青路面有多种技术路径,本书中介绍的全厚式长寿命沥青路面只是长寿命沥青路面结构形式的一种。

全厚式长寿命沥青路面指的是路床顶面以上各结构层(除功能层外)均采用沥青混合料铺筑的路面结构。全厚式沥青路面的概念最早于 1960 年由美国沥青协会提出,根据沥青路面在荷载作用下不同深度位置的各沥青结构层受力特点,设计使用具有相应功能的材料,由此组合形成具有 30 年以上设计年限的沥青路面结构。

全厚式长寿命沥青路面结构自上而下一般可分为多个结构功能层,如图 2-1 所示。抗滑磨耗层,主要功能为抗滑、耐磨耗、抗剪切变形及抗疲劳开裂等;联结层,处于路面结构高压应力区,主要功能为抗车辙、抗剪切推移等;下承层,主要功能为均匀传递交通荷载;抗疲劳层,位于沥青层最底部,具有抗疲劳、变形协调、防水层、连接、找平等多功能层,主要功能为提升路面结构疲劳性能、路基防水、变形协调、保持路基平衡湿度等,抵抗由于行车荷载反复作用造成的弯拉应变引起的疲劳开裂。

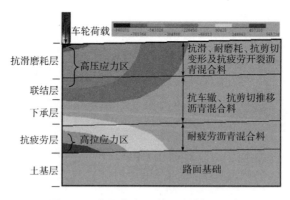

图 2-1 路面应力及功能层划分示意

随着对绿色耐久路面认识的深入,全厚式沥青路面逐渐被视为绿色耐久路面的一种特殊结构形式,与其他路面结构类型相比,其路面结构总厚度具有减薄40%以上的潜力,可大量节约优质筑路材料,极大缩短施工周期,延长结构使用寿命,在我国矿山资源日益匮乏、生态环保压力不断加大、石料价格日益攀升的背景下,其突出优势日益明显,是极具推广潜力的新一代绿色耐久沥青路面结构。

2.2 全厚式长寿命沥青路面技术优势

全厚式长寿命沥青路面技术已有较充分的政策及标准规范支撑。交通运输部发布的《2021年交通运输行业重点科技项目清单申报指南》的第二部分"科技成果推广项目"明确提出基础设施建设领域支持推广重载交通全厚式耐久性沥青路面技术;"重载交通全厚式耐久性沥青路面技术"被纳入交通运输部2020年度交通运输重大科技创新成果推广项目;《山东省"十四五"综合交通运输发展规划》在第四部分"完善四个体系,加快行业治理体系和质量能力现代建设"的第(二)节"完善科技创新体系"的第4条"夯实创新发展基础"中明确指出:加大交通基础设施建养技术研发和应用力度,推广全厚式长寿命沥青路面技术成果应用;重载交通全厚式耐久性沥青路面技术入选山东省重点节能技术、产品和设备推广目录(第八批第99项)。《公路沥青路面设计规范》(JTG D50—2017)针对新技术的推广应用,特别在总则第1.0.5条中强调"应结合当地条件和工程经验,积极稳妥地选用新技术、新结构、新材料和新工艺",并规定高速公路路面设计使用年限不应小于15年,为寿命35年以上的耐久性路面结构设计开启了技术进步之门。此外,该规范还推荐了4种路面结构组合,其中全厚式沥青路面属于沥青结合料类基层路面结构。

1)设计使用寿命长

全厚式长寿命沥青路面是一种长寿命路面结构形式,设计寿命可达35年以上。在整个使用寿命周期内,路面各类损坏控制在路面表面层顶部很薄的范围内,不产生结构性的破坏,只需在一定的周期内(设计每隔 12～15 年)进行表面功能恢复即可保持良好的服役性能,避免传统路面结构需定期进行"开膛破肚"式的大修造成的大量资源、资金浪费。因此,全厚式长寿命沥青路面是一种绿色耐久路面结构。

2) 砂石资源的节约

我国优质石料资源紧缺,优质筑路石料资源已成为制约工程项目施工进度与质量的关键因素。采用全厚式长寿命沥青路面结构可节约大量的优质石料资源,其路面结构总厚度与传统路面结构相比减薄近 40cm,四车道高速公路每公里可节约石料近 8000m^3。此外,全厚式长寿命沥青路面结构在寿命周期内无须进行结构性修复,减少了大修重建造成筑路材料的巨大消耗,对缓解石料紧缺的压力,助力实现碳达峰、碳中和的目标具有重要作用。

3) 全寿命周期费用经济,社会效益显著

全厚式长寿命沥青路面结构在设计使用年限内无须进行结构性修复,只需进行表面功能性修复,显而易见具有较低的养护投入。全厚式沥青路面结构层均为沥青混合料,施工精细化程度更高,施工质量可靠性提高;缩短了传统结构中水泥稳定材料的养生周期,施工效率高,可节省工期;施工机械设备投入与周转较少,节约施工成本;降低维修次数,减少交通堵塞,提高公路服务水平和运输效率;减少废料,节约资源,有利环保,符合国家经济和可持续发展要求,该技术推广的社会效益将远超过直接经济效益。

2.3　全厚式长寿命沥青路面关键力学指标

全厚式长寿命沥青路面的设计理念需要满足两个理论基础。

1) 疲劳极限

沥青混合料的疲劳寿命与应变水平有关,应变越小,混合料的疲劳寿命越长;当应变值低于某个极限值时,应变疲劳寿命曲线接近水平线,理论上混合料不会发生疲劳破坏,此极限值即为疲劳极限,如图 2-2 所示。

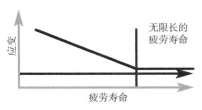

图 2-2　疲劳极限图

国内外大量研究证实了疲劳极限的存在,只是在对疲劳极限的取值上有所不同。国内外普遍认为,基质沥青混合料的疲劳极限值为 70με,改性沥青的疲劳极限值为 100με。

2)自上而下损坏

一般认为,沥青层层底是受到拉应力最大的地方,是最容易产生裂缝的位置。当作用到路面的反复荷载大于路面材料的极限强度时,材料就会出现裂缝,一般发生在应力最大处,即沥青层层底。当荷载继续作用在路面上,材料继续破坏,裂缝由沥青层层底逐渐向上发展到面层直至面层表面,最终形成贯穿整个沥青层的裂缝,路面即出现疲劳破坏,这种破坏方式即自下而上的疲劳破坏。自下而上的疲劳破坏主要发生在较薄的沥青层中,对于全厚式沥青路面,由于基层也采用沥青混合料,较厚沥青层的存在使自上而下的疲劳开裂成为其主要的开裂方式。

国外在对沥青层厚度较大的沥青路面进行调研时发现,在轮迹带及其附近处会出现上宽下窄的纵向裂缝,这些位置处的裂缝会在反复荷载作用下持续向下发展,但大多只发展到磨耗层,并未贯穿整个面层,这种裂缝即自上而下的疲劳裂缝。

当前,采用力学-经验法的基本思路——构建路面结构设计体系是路面设计发展的趋势所在,一般地,采用力学-经验法进行路面结构设计时,需要根据路面结构类型及材料参数确定关键力学指标。部分国家沥青路面设计方法及设计指标见表 2-1。

部分国家沥青路面设计方法及设计指标　　　　　表2-1

国家	力学指标	性能指标	环境考虑
英国、荷兰	结构层层底拉应变和路基顶面压应变	疲劳(沥青层和水稳层)、车辙(土基压应变)、车辙(沥青层)	温度、沥青老化
美国	结构层层底拉应变和路基顶面压应变	疲劳(沥青层)、车辙(路基压应变)	温度、冻融
法国	结构层层底拉应变和路基顶面压应变	疲劳(沥青层和水稳层)、车辙(土基压应变)、车辙(沥青层)	温度、冰冻
英国	结构层层底拉应变和路基顶面压应变	疲劳(沥青层和水稳层)、水稳材料的压碎、车辙(土基压应变)、重复剪切破坏、(粒料层的剪切)	温度、车速
南非	结构层层底拉应变和路基顶面压应变	疲劳(沥青层和水稳层)、车辙(土基压应变)、车辙(沥青层)	温度、潮湿情况
中国	沥青层层底拉应变、无机结合料层层底拉应力、沥青层永久变形、土基竖向压应变	疲劳(沥青层和水稳层)、车辙(土基压应变)、车辙(各沥青层)	温度、湿度、其他影响因素

路面病害的基础是路面力学响应指标,分析表2-2可知,世界上绝大部分国家的路面设计指标采用沥青层层底拉应变以及土基顶面压应变,部分国家将剪切破坏纳入路面设计控制标准。全厚式长寿命沥青路面结构设计充分借鉴国内外已有路面成熟设计体系,采用表2-2中的力学响应指标。

关键力学响应指标　　　　　表2-2

路面损坏类型	关键力学指标	路面损坏类型	关键力学指标
沥青层疲劳破坏	沥青层层底拉应变 ε_t	流动性车辙、拥包等	结构层内部剪应力 γ
路基永久变形	路基顶面压应变 ε_v	路面结构整体刚度	路表弯沉 W_z

2.4　高模量沥青混合料

高模量沥青混合料最早由法国道路工作者提出,根据法国高模量沥青混合料技术标准NF P 98-140,15℃、10Hz条件下复数模量≥14000的沥青混合料才可称为"高模量沥青混合料"。随着重载交通对道路基础设施的服役性能要求日益提高,越来越多的国家开始重视高模量沥青混合料在提升路面结构整体性能方面的作用,并着手开展了相应的设计理念与方法、施工工艺与要点的研究。

对于含高模量混凝土层路面结构设计的研究,始于高模量沥青混合料20世纪80年代,目前,处于领先地位的是以法国为代表的欧洲以及以美国为代表的美洲。法国已经发展了一种分析性能的路面结构设计方法,可以研究高模量沥青混合料对路面结构的影响。LCPC开发了Alize-LCPC软件,该软件基于力学-经验方法,使用交通、材料特征和调整系数来预测路面性能。美国国家沥青路面协会认识到高模量沥青混合料有潜力成为长寿命或永久路面设计的组成部分,并认识到法国道路学者使用高模量沥青混合料来减薄路面结构设计厚度是合理的。

全厚式长寿命沥青路面结构中采用高模量沥青混合料,可增强沥青混凝土的模量特性,减小行车荷载作用下路面弯拉应变,提高路面结构抵抗塑性变形的能力,从而提升沥青路面服役性能,延长道路使用寿命。全厚式沥青路面用高模量沥青混合料可采用马歇尔设计法或旋转压实设计方法进行设计,其技术指标需满足表2-3~表2-5中的技术要求。

马歇尔配合比设计技术标准　　　　　　　　　表2-3

指标	单位	技术标准	试验方法
马歇尔击实	次	双面击实75次	T 0702
空隙率VV（毛体积法）	%	2~4	《公路沥青及沥青混合料试验规程》（JTG E20—2011）(T 0705-4)
稳定度MS	kN	≥8	T 0709
流值FL	mm	2~4	T 0709

旋转压实设计技术标准　　　　　　　　　表2-4

指标	单位	技术标准	试验方法
旋转压实	次	100	EN 12697-31
空隙率VV（毛体积法）	%	2~4	《公路沥青及沥青混合料试验规程》（JTG E20—2011）(T 0705-4)

抗车辙抗疲劳高模量沥青混合料配合比检验技术要求　　　表 2-5

检验项目	单位	技术要求	试验方法
冻融劈裂试验,残留强度比(TSR)	%	≥80	T 0729
动稳定度(70℃)	次/mm	≥3000	T 0719
汉堡试验(20000 次)(50℃)最大变形	mm	≤5	AASHTO（美国各州公路工作者协会）TP324-04
动态模量(45℃,10Hz)	MPa	≥4000	T 0738
四点弯曲疲劳试验 (15℃,10Hz,230με控制应变条件下)	万次	≥100	T 0739
低温弯曲破坏应变(-10℃)	με	≥2000	T 0715

CHAPTER THREE 3

全厚式高模量沥青路面结构设计

路面结构设计的基本要求是路面保证在性能衰减到不可接受标准的时间不小于预期的结构寿命（设计寿命），这就要求路面具有合理的结构组合、厚度组成和路面材料性能保证。根据我国沥青路面设计规范的发展历程及现行规范的设计可以看出，我国沥青路面设计理念由设计年限内满足通过预估交通量要求的路面整体刚度到设计指标与路面破损形式保持相关性，总体上指标体系更趋合理。对于全厚式沥青路面，我国道路学者进行了试验路铺筑和一定规模的工程应用，且现行公路沥青路面设计规范中，已经明确将全厚式沥青路面纳入推荐的结构形式，但对于全厚式高模量沥青路面结构，我国尚未开展应用，基于处于"无章可循"阶段。但随着高模量沥青混合料在我国的广泛应用，以及高模量抗疲劳沥青混合料技术要求的提出，相信在今后沥青路面设计规范修编过程中，这种结构纳入沥青路面设计规范应是大势所趋。

本章结合我国道路工程实际情况，参考欧美发达国家经验，确定了适合我国技术规范特点全厚式高模量结构组合；根据全厚式沥青路面的损坏模式特点，提出了全厚式高模量沥青路面的设计指标，初步构建了路面结构设计体系，并给出了具体设计实例。

3.1　现有沥青路面设计方法分析

本章针对全厚式高模量沥青路面结构设计，主要介绍我国和法国当前沥青路面结构设计方法，并对两种设计方法进行对比，分析设计方法的差异，在我国现有沥青路面设计方法的基础上，结合法国全厚式高模量沥青路面设计方法，提出适合我国现阶段推广的全厚式高模量沥青路面设计方法。

《公路沥青路面设计规范》（JTG D50—2017）在总结前几版《公路沥青路面设计规范》优缺点的基础上，突破性地提出了新的设计指标和参数体系，根据沥青路面由多层次复合层状结构与损坏多样性特点，提出了多个单项指标控制路面结构损坏的设计思想；提出了各种性能分析模型，采用当量损伤法计算服役期内行车荷载对于道路的损伤；路基土及路面材料参数的选用充分考虑了温度、湿度等环境因素的影响及行车荷载动态效应,交通参数的计算更加规范,使得设计参数的选取更加合理;结构力学响应分析仍采用基于弹性层状体系理论的解析程序进行计算,较《公路沥青路面设计规范》(JTG D50—2006)有了较大的提升。

《公路沥青路面设计规范》(JTG D50—2017)根据基层、底基层类型采用不同的设计指标体系,对应的有其验算指标,具体见表3-1。

《公路沥青路面设计规范》(JTG D50—2017)中不同结构组合路面的设计指标 表3-1

基层类型	底基层类型	设计指标
无机结合料类	粒料类或无机结合料类	无机结合料层疲劳、沥青层永久变形
沥青结合料类	粒料类	沥青层疲劳、沥青层永久变形、路基竖向压应变
	无机结合料类	沥青层永久变形、无机结合料层疲劳
粒料类	粒料类	沥青层疲劳、沥青层永久变形、路基竖向压应变
	无机结合料类	沥青层疲劳、沥青层永久变形、无机结合料层疲劳
水泥混凝土、贫混凝土	—	沥青层永久变形

《公路沥青路面设计规范》(JTG D50—2017)对于柔性基层沥青路面结构的设计指标主要有沥青层疲劳开裂、沥青层永久变形、路基、竖向压应变三个,下面分别对其进行论述。

1) 沥青层疲劳开裂验算

《公路沥青路面设计规范》(JTG D50—2017)规定,依据路面结构分析得到的沥青层层底的最大拉应变,按式(3-1)计算沥青层的疲劳寿命。

$$N_f = 6.32 \times 10^{(15.6-0.37\beta)} k_{T1}^{-1} \left(\frac{1}{\varepsilon}\right)^{3.97} \left(\frac{1}{E_a}\right)^{1.58} (\text{VFA})^{2.72}$$

$$\left[\frac{1+0.3E_a^{0.43}(\text{VFA})^{-0.85}e^{(0.024h_a-5.41)}}{1+e^{(0.024h_a-5.41)}}\right]^{3.33} \tag{3-1}$$

式中：N_f——沥青混合料层疲劳开裂寿命(轴次)；

β——目标可靠指标；

E_a——沥青混合料20℃时的动态压缩模量；

VFA——沥青混合料的沥青饱和度(%)；

h_a——沥青混合料层厚度；

k_{T1}——温度调整系数；

ε——沥青混合料层底拉应变。

2) 沥青层永久变形验算

根据《公路沥青路面设计规范》(JTG D50—2017)，将沥青层按照下列要求进行分层。

(1) 表面层，采用10~20mm为一分层。

(2) 第二层沥青层，采用20~25mm为一分层。

(3) 第三层沥青层，厚度不大于100mm时作为一个分层，大于100mm时等分为两个分层。

第四层及其以下沥青层，作为一个分层。

按式(3-2)进行永久变形验算。

$$R_a = \sum R_{ai}$$

$$R_{ai} = 2.31 \times 10^{-8} k_{Ri} T_{pef}^{2.93} p_i^{1.80} N_{e3}^{0.48} \frac{h_i}{h_0} R_{0i} \tag{3-2}$$

式中：R_a——沥青混合料层永久变形量(mm)；

R_{ai}——第 i 分层永久变形量(mm)；

T_{pef}——沥青混合料层永久变形等效温度(℃)；

N_{e3}——设计使用年限内或通车至首次针对车辙维修的期限内，设计车道上当量设计轴载累计作用次数；

h_i——第 i 分层厚度(mm)；

h_0——车辙试验试件的厚度(mm);

R_{0i}——第 i 分层沥青混合料在试验温度为60℃,压强为0.7MPa,加载次数为2520次时,车辙试验永久变形量;

k_{Ri}——综合修正系数,$k_{Ri} = (d_1 + d_2 z_i) \cdot 0.9731^{z_i}$;$d_1 = -1.35 \times 10^{-4} h_a^2 + 8.18 \times 10^{-2} h_a - 14.50$;$d_2 = 8.78 \times 10^{-7} h_a^2 - 1.50 \times 10^{-3} h_a + 0.90$;

z_i——沥青混合料层第 i 分层深度(mm),第一分层取为15mm,其他分层为路表距分层中点的深度;

h_a——沥青混合料层厚度(mm),h_a 大于200mm时,取200mm;

p_i——沥青混合料层第 i 分层顶面竖向压力(MPa),$p_i = p\bar{p}_i$。

3)路基竖向压应变验算

路基竖向允许压应变按式(3-3)计算:

$$\varepsilon_z = 1.25 \times 10^{4-0.1\beta}(k_{T3}N_{e4})^{-0.21} \quad (3-3)$$

式中:β——目标可靠指标;

N_{e4}——设计使用年限内设计车道上的当量设计轴载累计作用次数;

k_{T3}——温度调整系数。

3.2 全厚式高模量沥青路面设计指标

沥青路面在自然环境和交通荷载耦合作用下,路面结构服役性能逐渐劣化,产生坑槽、开裂、剥落等病害。全厚式高模量沥青路面由于结构组合的特殊性,其病害特点与常规沥青路面结构不同。根据国外全厚式高模量沥青路面使用性能调查分析结果,沥青层疲劳开裂、永久变形是其主要病害。因此,设计全厚式高模量沥青路面的原则是这种结构必须具有足够的结构强度来抵抗疲劳开裂、永久变形等结构损坏;具有足够的耐久性来抵抗行车荷载(磨损)及环境影响(温度湿度及降水)。因此,为便于全厚式高模量沥青路面在我国推广应用,同时结合我国公路沥青路面设计规范,确定控制指标如下。

1) 沥青层疲劳控制指标

沥青层层底弯拉应变是力学-经验法体系中沥青路面设计的一个重要指标,甚至可以作为路面结构是否耐久的一个初步评价标准,主要控制源于沥青层底部的结构性损坏。本书主要通过验算沥青层疲劳开裂寿命来控制沥青层疲劳开裂。

2) 路面 Top-Down 裂缝

从国外大规模使用全厚式高模量沥青路面来看,路面 Top-Down 裂缝成为其典型破坏模式。Top-Down 裂缝的初始形成,不会对沥青路面造成太多损坏,但其后期发展的组合式病害会使路面结构性能急剧下降,因此,控制沥青路面出现 Top-Down 裂缝是十分必要的。本书采用单轴贯入试验测试上面层沥青混合料抗剪强度与弹性层状体系计算的最大容许剪应力比较,确定表面层沥青混合料抗剪强度是否满足要求,若不满足,则需要优化混合料设计或更换胶结料,直至验算通过。

单轴贯入试验测试上面层沥青混合料抗剪强度,并与弹性层状体系计算的最大容许剪应力进行比较。

3) 沥青层永久变形

车辙是沥青路面结构层在行车荷载反复作用下,结构层材料因垂直和侧向变形的累积而产生的永久变形。根据现场试验观测,厚沥青层路面结构的车辙病害主要集中在沥青层上部 7~15cm 范围内,因而,采用路基顶部压应变无法完全控制沥青层永久变形。因此,许多道路学者提出控制永久变形的标准,对于高等级公路,车辙容许深度为 10~15mm。参考我国《公路沥青路面设计规范》(JTG D50—2017),本书拟定容许车辙深度为 10mm。

4) 土基永久变形

路面结构永久变形是路面各组成部分变形的总和。美国各州公路工作者协会(AASHO)利用环道试验调查了路面车辙破坏情况,结果表明车辙深度的 9% 发生在路基,虽然占比不大,但是土基过大的永久变形对路面结构承载是极为不利的,因此,应当对土基永久变形进行控制。本书主要通过控制路基容许压应变对路基永久变形进行控制。

3.3 全厚式高模量沥青路面结构组合

全厚式高模量沥青路面各结构层次合理组合和安排,可保证路面结构在服役期内可承受行车荷载和环境因素的综合作用,同时又可发挥高模量沥青混合料层的优越性能,这是沥青路面结构经济合理的关键。

1) 沥青混凝土上面层

沥青混凝土表面层为车辆提供良好的行驶界面,保证路面结构的行驶安全性和舒适性,设计时应采用高性能沥青混凝土,采用的高性能沥青混凝土应具有良好的抗车辙性能、抗滑性能、抗表面开裂缓解水雾影响并减小噪声。可选择骨架密实型沥青混凝土,并采用改性沥青;亦可采用抗滑磨耗层,以利于表面水分快速排出。

2) 沥青混凝土下面层

沥青混凝土下面层起到荷载扩散作用,必须具有稳定性和耐久性,这个层位是高压应力区,较易产生剪切破坏,因此应当采用粗集料的骨架结构,同时采用黏度大的沥青,如硬质沥青,并采用高模量沥青混合料(可通过添加性能稳定的改性剂或岩沥青等技术手段实现)。

3) 沥青混凝土基层

沥青混凝土基层应保证足够的强度。可选用公称最大粒径较大的密级配沥青混凝土或沥青稳定碎石。公称粒径的增大,可提升沥青混凝土抗剪能力,降低车辙率,但厚度设置也应随着公称粒径增大而增加。

4) 沥青底基层

沥青底基层起到增强基层的承载能力、抵抗沥青底基层因行车荷载作用产生的反复弯拉应变引起的疲劳开裂的作用,故应采用具有较高抵抗变形能力和疲劳性能的沥青混凝土,如高模量抗疲劳沥青混凝土。值得注意的是,此处的高模量抗疲劳沥青混凝土是指一定试验条件下,模量和疲劳满足特定的要求,如:法国标准的要求是(15℃,10Hz)条件下复数模量不小于14000MPa;(10℃,25Hz)条件下100万次疲劳破坏应变不小于130;我国国家标准要求(45℃,10Hz)条件下动态压缩模量不小于4000MPa,(15℃,10Hz)230με下疲劳寿命不少于10^6次;高模量抗疲劳沥青混合料保证在高温状态下仍具有较高的模量,而又不过多地损失其他性能,由于设计理念和体系的特殊性,高模量抗疲劳沥青混凝土的低温和疲劳性能稍逊于常规沥青混合料,但这并不能否定高模量抗疲劳沥青混凝土作为一种高性能底基层材料,在提升我国沥青路面结构性能方面的作用。

5) 富沥青疲劳层

富沥青疲劳层主要起到抵抗疲劳破坏、建立基层与土基良好过渡的作用。建议在全厚式高模量沥青路面结构设计中设置抗疲劳层,可采用细级配、高沥青含量来减小孔隙率,以提升沥青混凝土抗疲劳性能。当前国内外使用较多的抗疲劳层为FAC-13。

6) 土基

对于全厚式高模量沥青路面来说,在进行路基设计时应当保证路基的强度和稳定性,尽可能提高土基的承载能力,以防止在环境和荷载作用下产生不均变形,为路面结构提供稳定的支撑。另外,路基也应保持良好的耐久性,防止因土基模量衰减而导致路面过大的轮致损伤。

3.4 设计步骤

全厚式高模量沥青路面的设计思路是在保证路面结构使用性能的前提下,沥青层层底疲劳开裂寿命应大于设计期内累计轴载作用次数,永久变形值在允许范围内,最大限度地避免路面发生结构性破坏。综合上述分析,提出全厚式高模量沥青路面设计应按照图 3-1 所示步骤进行,具体步骤如下:

(1)对项目实施地进行调研分析,掌握气象、水文资料;

(2)项目实施地路基类型划分,获取路基回弹模量参数,确定是否需要加固路基;

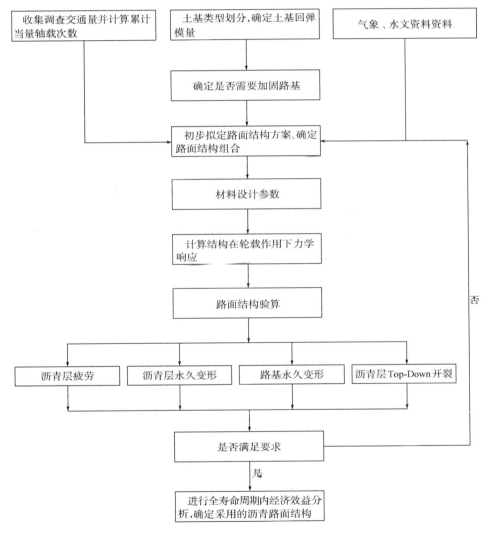

图 3-1　全厚式高模量沥青路面结构设计流程

(3)收集调查交通参数,按照我国现行《公路沥青路面设计规范》(JTG D50—2017)计算累计当量轴次;

(4)初步拟定路面结构方案,确定路面结构组合;

(5)获取材料设计参数,对于常规沥青混凝土可进行实测或按照《公路沥青路面设计规范》(JTG D50—2017)推荐值取,对于高模量沥青混合料需进行实测;

(6)对沥青层疲劳开裂、沥青层和土基永久变形、沥青层Top-Down裂缝进行路面结构验算,若结构验算不满足要求,则需要调整结构厚度或结构组合;

(7)进行全寿命周期经济效益计算,确定最佳路面结构组合。

3.5 设计实例

路面结构组合设计应针对各种路面结构组合的力学特性、功能特性及其长期性能衰变规律和损坏特点,遵循路基、路面综合设计的理念,保证路面结构的安全、耐久和全寿命周期经济合理。

3.5.1 路基设计

路基应稳定、耐久,为路面提供长久、坚实的支撑,一般需进行路基改善。湿热地区全厚式长寿命沥青路面一般设置级配碎石垫层,厚度不宜小于150mm。新建公路路基应处于干燥或中湿状态,应加强填挖交界处及路堑段的排水设计,改善路基水文状况。

路基回弹模量确定应符合《公路路基设计规范》(JTG D30—2015)要求,路基回弹模量应按照表3-2分为三个等级。

路基顶面回弹模量　　　　　　　　表3-2

等级	路基回弹模量(MPa)	路基弯沉值(0.01mm)
S1	90~120MPa	180~130
S2	120~150MPa	130~110
S3	150~200MPa	110~90

3.5.2 路面结构组合

全厚式长寿命沥青路面结构是将沥青层设计成不同的功能层,其对路基的要求较一般的路面结构高,各结构层沥青混合料也需进行针对性设计,以满足其特殊层位要求,即不透水、抗车辙、耐磨耗的表面层,高模量、抗车辙、抗疲劳的联结层以及高极限应变、抗疲劳的底层。这样就避免了沥青路面温缩裂缝、半刚性基层路面反射裂缝及重载交通下路面疲劳裂缝等典型病害,防止了沥青层疲劳开裂和产生结构性车辙。路基湿度大、承载能力不足或路基土易遭受冲刷,且路面不含具有排水功能的结构层时,宜设置级配碎石作为路基刚度补偿层。

不同交通荷载等级时,结构层组合方案可参照表3-3选用,也可根据本地工程经验确定。结构层厚度组合可参考表3-4选用。应根据交通荷载等级选择,交通量大时宜取高限的厚度或选择高一个交通荷载等级的参考路面结构,反之宜靠近底线取值。

结构层组合方案   表3-3

结构层组合类型		沥青混凝土基层+级配碎石底基层	沥青混凝土基层+半刚性底基层
面层	抗滑磨耗层	密集配沥青混合料、沥青玛琋脂碎石、开级配沥青磨耗层、沥青表面处置	密集配沥青混合料、沥青玛琋脂碎石、开级配沥青磨耗层、沥青表面处置
	中下面层	密级配沥青混合料	密级配沥青混合料
基层	上基层	沥青混合料、沥青稳定碎石	沥青混合料、沥青稳定碎石
	下基层	沥青混合料、大粒径沥青稳定碎石(LSPM)、富油抗疲劳层	无机结合料稳定基层
	底基层	级配碎石	无机结合料稳定基层
土基			

结构层厚度组合(单位:mm)　　　　　　　　表 3-4

交通荷载等级	极重、特重	重	中等	轻
面层	200~150	200~150	200~100	150~40
上基层	250~200	250~200	200~150	150~60
下基层	200~100	150~100	150~100	150~100
底基层	400~300	400~300	350~250	350~250
土基				

3.5.3 路面结构验算

路面结构设计采用双圆均布垂直荷载作用下的弹性层状连续体系理论计算。路面结构组合初选方案,应按《公路沥青路面设计规范》(JTG D50—2017)进行路面结构验算,根据验算结果和工程经验,结合经济分析确定路面结构方案。路面结构验算宜使用专用程序软件 DKD1.0 进行。

1) 验算指标

根据路面结构组合类型,参照表 3-5 选择路面结构验算的设计指标。

不同结构组合路面结构验算设计指标　　　　　　　　表 3-5

基层类型	底基层类型	设计指标
沥青结合料类	无机结合料类	沥青层疲劳、无机结合料层疲劳、沥青层永久变形
沥青结合料类	粒料类	沥青层疲劳、沥青层永久变形、路基竖向压应变、沥青层永久变形

2) 验算方法

可根据设计需要,以允许值不小于计算值为要求指标进行结构验算。

(1) 疲劳寿命验算。

以轴载谱、温度、材料模量、结构层厚度作为主要输入参数,以沥青混合料层底的计算弯拉应变 ε_Z 小于或等于容许弯拉应变 ε_{Zadm_i} 进行路面结构疲劳寿命验算。

当采用力学经验法进行路面结构验算时,按《公路沥青路面设计规范》(JTG D50—2017)验算要求执行,再结合全寿命周期评估(LCA)选定路面结构。

$$K_L = \frac{N_L}{N_S} \qquad (3-4)$$

式中:K_L——不同沥青混合料常应变下室内疲劳试验加载作用次数比值;

N_L——沥青层底计算应变条件下,疲劳开裂验算层沥青混合料室内疲劳方程计算的加载次数;

N_S——沥青层底计算应变条件下,《公路沥青路面设计规范》(JTG D50—2017)中沥青混合料层疲劳开裂预估模型室内材料核心疲劳方程计算的疲劳加载次数,其中核心疲劳方程的模型同式(3-5),k_1、k_2、k_3 分别为 2.279×10^{19}、3.747、1.286。

室内疲劳方程采用常应变控制模式下的四点梁弯曲疲劳试验,按式(3-5)回归得到:

$$N = k_1 \left(\frac{1}{\varepsilon}\right)^{k_2} \left(\frac{1}{S_0}\right)^{k_3} \qquad (3-5)$$

式中: ε——施加的拉伸应变水平($\mu\varepsilon$);

S_0——沥青混合料初始弯拉劲度模量(MPa);

k_1、k_2、k_3——沥青混合料疲劳方程回归系数。

按《公路沥青路面设计规范》(JTG D50—2017)计算沥青层疲劳开裂寿命 N_{f1},考虑沥青混合料疲劳调整系数后的沥青层疲劳寿命 N_f 应按式(3-6)计算,N_f 应大于设计使用年限内交通荷载的累计当量轴次。

$$N_f = K_L \times N_{f1} \qquad (3-6)$$

式中：N_f——考虑沥青混合料疲劳调整系数后的沥青层疲劳寿命；

N_{f1}——按《公路沥青路面设计规范》(JTG D50—2017)[式(B.1.1-1)]计算的沥青混合料层的疲劳开裂寿命。

当采用极限应变法进行路面结构验算时，根据弹性层状体系理论，按《公路沥青路面设计规范》(JTG D50—2017)第 6.2.2 条的规定选取计算点计算沥青混合料层底弯拉应变：

$$\varepsilon_a = p\overline{\varepsilon}_a \quad (3\text{-}7)$$

$$\overline{\varepsilon}_a = f\left(\frac{h_1}{\delta}, \frac{h_2}{\delta} \cdots \frac{h_{n-1}}{\delta}; \frac{E_2}{E_1}, \frac{E_3}{E_2} \cdots \frac{E_0}{E_{n-1}}\right) \quad (3\text{-}8)$$

式中： $\overline{\varepsilon}_a$——理论拉应变系数；

p、δ—— 设计轴载的轮胎接地压强(MPa)和当量圆半径(cm)；

E_0——平衡湿度状态下路基顶面回弹模量(MPa)；

h_1、h_2、h_{n-1}——各结构层厚度(cm)；

E_1、E_2、$\cdots$、E_{n-1}——各结构层模量(MPa)。

(2)永久变形验算。

全厚式沥青路面永久变形验算按照《公路沥青路面设计规范》(JTG D50—2017)附录 B.3 进行验算。

(3)低温开裂验算。

全厚式沥青路面低温开裂验算按照《公路沥青路面设计规范》(JTG D50—2017)附录 B.5 进行验算。

(4)土基永久变形验算。

土基永久变形验算采用路基顶面计算压应变 ε_Z 小于或等于容许压应变 ε_{Zadm_i} 进行验算。

3)验算步骤

路面结构验算应按图 3-2 所示流程进行。

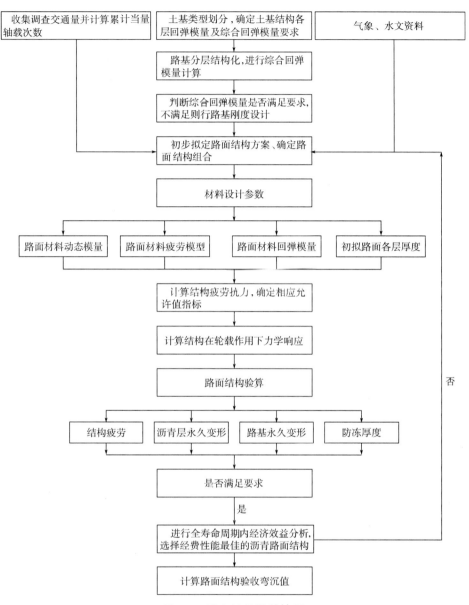

图 3-2 路面结构验算流程

CHAPTER FOUR 4

全厚式长寿命沥青路面施工

全厚式长寿命沥青路面施工的关键点在于不同功能层的施工,其对路基的要求较一般的路面结构高,此外对各结构层沥青混合料也进行了针对性设计。

4.1 改善土施工

4.1.1 工艺流程

改善土施工工艺流程:施工准备→布料→路拌混合料→整形→碾压→接缝处理。

4.1.2 施工准备

(1)试验室进行强度试验,确定达到设计荷载要求所需水泥用量及处理深度。

(2)下承层处理:水泥改善土施工前对路基进行复检,路基表面应平整、坚实、无坑洞,高程及路拱符合设计及规范要求。下承层整平后,洒水湿润,准备水泥稳定风化砂施工。

(3)施工放样:改善土填筑前,采用 GPS 测量恢复中桩、放出边桩,利用导线点在下承层上恢复中线,每 10m 设一桩,并在两侧路肩边缘外设指示桩,横断面每幅设三个高程控制点,逐桩进行水平测量,算出各断面所需摊铺土的厚度,在所钉竹片桩上标出其相应高度,如图 4-1 所示。

图 4-1 改善土施工放样

4.1.3 布料

1) 摊铺土料

土料填筑采用水平分层填筑,填筑时分层控制填土高程,每层填筑的厚度控制在20cm(具体松铺厚度根据测定的松铺系数确定),用平地机对路床土料进行整平,力求表面平整,并有规定的路拱;测量人员跟踪测量,控制误差在±0.5cm以内,必要时进行增减料工作;测定土的含水率,后用振动压路机静压一遍,使其表面平整,压实度达85%。

2) 水泥摆放及摊布

根据图纸要求,土料的水泥剂量为4%,水泥用量计算式为:水泥用量 = 面积×厚度×最大干密度×4%。例如:采用4m×4m方格,撒布灰线。撒线完后,人工将袋装水泥根据水泥用量计算以每格7袋水泥(最大干密度根据以往经验暂定2.2g/cm^3,每袋水泥质量为50kg)进行分配,将水泥均匀地洒布在格线内(图4-2)。

图4-2 水泥洒布

3) 路拌混合料

布灰完成后,采用路拌机进行拌和,拌和两遍以上,使拌和深度达到稳定土层底,拌和过程中设专人跟踪拌和机,随时检查拌和深度以便及时调整,避免拌和底部出现素土夹层。拌和中略破坏下承层表面 10mm 左右,以加强上下层之间的结合,拌和遍数以混合料均匀一致为止;当土块最大尺寸 >15mm 且含量超过 5% 时,必须整平,稳压,再次拌和。拌和时随时检查含水率,如含水率过大则多拌和、翻晒两遍;如含水率过小,用喷管式洒水车洒水提高含水率,使含水率等于或略大于最佳含水率(1~3 个百分点),拌和机跟在洒水车后进行拌和。路拌水泥改善土见图 4-3。

图 4-3 路拌水泥改善土

4) 整形

经路拌,水泥改善土满足要求后,测量人员迅速恢复高程控制点,钉上竹片桩,桩顶高程即是控制高程。此时,平地机开始整形,必要时,再返回刮一遍。用振动压路机快速静压一遍,以发现潜在不平整处,对不平整处,对表面 5cm 耙松、补料,进行第一次找平,如图 4-4 所示。重复上述步骤,再次整形、碾压、找平,局部可人工找平。对路床表面高出设计高程部分,应予以刮除并将其扫出路外。每次整平中,都要按规定的坡度和路拱进行,特别注意接缝要适顺平整,测量人员要对每个断面逐个检测,确定断面高程是否准确,对局部低于设计高程之处,不能采用贴补方法,需要遵循"宁高勿低""宁刮勿补"的原则,并使纵向线形平滑一致。整形过程中禁止任何车辆通行。

图 4-4　改善土第一次找平

5）碾压

整型完成后,当混合料含水率大于最佳含水率 1~3 个百分点时,进行碾压,如图 4-5 所示,如表面水分不足,可适量洒水。

图 4-5　改善土碾压

初压:振动压路机重叠 1/2 轮以 2.5km/h 的速度振压 2 遍。

复压:采用 18~21t 振轮压路机 1/3 轮以 2.0km/h 的速度碾压 2 遍。

终压:用振动压路机以 2.5km/h 的速度终压 1~2 遍,达到表面密实平整。碾压效果如图 4-6 所示。

图 4-6 碾压完成效果

6）接缝处理

避免纵向接缝。对横缝搭接处进行搭接拌和，在第一段拌和后，留 5~8m 不进行碾压，第二段施工时，将前段留下未压部分与第二段一起拌和整平后进行碾压。

7）养护

水泥改善土路基碾压完毕后，及时洒水覆盖土工布养护，如图 4-7 所示，并不少于 7d。养护期间封闭交通。

图 4-7 改善土养护

8)检测

水泥改善土养护完成后,测试路床顶面弯沉,如图 4-8 所示,验证其承载力。满足要求后进行下步施工,若承载力不足,需进行挖补处理。

图 4-8　改善土弯沉检测

4.2　异步碎石路基黏结层施工

4.2.1　工艺流程

施工准备→碎石过筛、除尘→撒布碎石→碾压→洒布透层沥青,如图 4-9 所示。

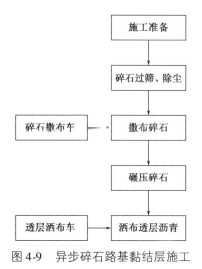

图 4-9　异步碎石路基黏结层施工

4.2.2 异步碎石路基黏结层

在土基顶面水泥改善土层施工完成水泥终凝时间前施工异步碎石路基黏结层。

1) 撒布碎石

(1) 集料规格采用石灰岩碎石,粒径为 10~20mm,碎石应洁净、干燥、无风化、无杂质,具有良好的颗粒形状。

(2) 使用前应严格过筛,筛除超径和细粒成分;集料必须经过沥青拌和楼除尘后方可使用。

(3) 碎石撒布应采用专业碎石撒布车,碎石撒布量 15~18kg/m²,碎石撒布面积占满铺面积的 70%~100%,实际撒布量可通过试撒确定。

碎石撒布如图 4-10 所示。

图 4-10 碎石撒布

2) 碾压

(1) 先以轻型压路机碾压,按先静压后振动、从低处到高处、先慢后快的顺序碾压,速度控制在 1.8~2km/h 之间。

(2) 碾压一遍后,再以重型压路机振动碾压,后紧跟轻型压路机清除轮迹。试验段碾压时检测不同碾压遍数所达到压实度,以此确定碾压遍数。

(3)胶轮压路机光面至表面无明显轮迹。每次碾压重叠1/2轮宽,路面两侧要多压2~3遍。

碎石碾压如图4-11所示。

图4-11 碎石碾压

3)洒布透层油

(1)透层油应采用沥青含量不低于50%的慢裂阴离子或非离子乳化沥青,洒布量宜不小于1.5kg/m²(乳化沥青总量),可以通过进行试洒确定。

(2)乳化沥青洒布时不漏洒,也不宜过量,喷洒的黏层油必须呈均匀雾状,在路面全宽度内均匀分布成一薄层,不得有洒花漏空或成条状,也不得有堆积,喷洒不足的要补洒,喷洒过量处应予刮除。

(3)喷洒后应通过钻孔或挖掘确认透层油透入基层的深度不小于5mm,并能与路基联结成为一体。透层油的质量应满足《公路沥青路面施工技术规范》(JTG F40—2004)中表4.3.2对PA-2与PN-2的技术要求。

(4)喷洒乳化沥青时,喷油管宜与路表面形成约30°角,并有适当高度,以使路面喷洒的乳化沥青形成重叠。

图4-12所示为洒布透层油。

图 4-12　洒布透层油

4.3　级配碎石施工

4.3.1　工艺流程

级配碎石施工工艺流程：检查、整修路床→测量放样→混合料拌和→检验级配、含水率→运输→摊铺→碾压→检测验收，如图 4-13 所示。

图 4-13　级配碎石施工

4.3.2 路床检查、整修与测量放样

施工前,对要铺筑的试验段的路床进行高程、压实度、平整度、纵断高程、路基宽度、弯沉、横坡、轴线偏位等的检测,并将路床清扫干净,洒水湿润,发现不合格的地方要及时处理。特别是路床有软簧的地方,要翻新处理。

测量放样,在路面边缘 0.5m 处设立钢筋标桩。进行水平测量,在两侧指示桩上标出级配碎石层边缘设计高程及松铺厚度的位置(松铺系数参考值为 1.30,实际以试验段确定)。

4.3.3 混合料拌和

混合料拌和要均匀,拌和时含水率要略大于最佳含水率 1% 左右,使混合料运到现场碾压时的含水率不小于最佳含水率。

施工过程中,加强对拌和设备计量装置、检测仪器等设备的检查、维护,以便能及时发现设备出现的问题。对料仓过滤筛网应经常进行检查,发现堵塞和破损现象及时清理和更换,以便更好地控制配合比。

每天开始搅拌之后,出料时要取样检查是否符合给定的配合比,进行正式生产之后,每 1~2h 检查一次拌和情况,抽检其配合比、含水率是否变化。高温作业时,早晚与中午的含水率要有区别,要按温度变化及时调整。发现干湿不均、离析严重的混合料要及时废弃。

4.3.4 混合料的运输

要采用较大吨位的运料车运输级配碎石混合料,车料合重不超过 45t。运料车的运力应稍有富余,施工过程中摊铺机前方需有若干运料车等候。

运料车每次使用前后应清扫干净。从拌和机向运料车上装料时,车辆前后移动,分三次装料,以减少混合料离析。运料车运输混合料应用苫布覆盖。

摊铺过程中,运料车在摊铺机前 10~30cm 处停住,将挡位置于空挡等候,由摊铺机推动前进开始缓缓卸料,避免撞击摊铺机。

4.3.5 混合料的摊铺

采用两台摊铺机摊铺时,摊铺机前后相隔5~10m呈梯队式同步摊铺,两幅之间有5~10cm的搭接宽度,并避开车道轮迹带。两台摊铺机梯队作业,一前一后保证速度一致、摊铺厚度一致、松铺系数一致、路拱坡度一致、摊铺平整度一致、振动频率一致,两机摊铺接缝平整。

预先标定摊铺机行走速度与螺旋布料器转速的传动关系。摊铺过程中,保持螺旋布料器全范围内物料分布均匀,保证在摊铺机全宽度断面上不发生离析。螺旋布料器端部距物料挡板间距在10~30cm之间,此间距超过30cm必须加装叶片。

级配碎石的松铺系数和初始压实度由试验段确定,摊铺过程中随时检查松铺厚度和初始压实度。当此两项参数达不到试验段确定值时,及时调整摊铺机控制参数,保证松铺厚度和初始压实度均匀、稳定。

4.3.6 碾压

压路机的吨位和台数应与拌和设备及摊铺机生产能力相匹配,应配备2~3台振动力30t以上的振动压路机、1~2台自重25t以上的轮胎压路机和1~2台双钢轮压路机。

施工时,摊铺机后面应紧跟振动压路机、钢轮压路机和双钢轮压路机进行碾压,一次碾压长度为50~80m。碾压段落层次分明,设置明显的分界标志,有专人指挥。

碾压程序和碾压遍数通过试验路段确定。级配碎石垫层压实度要求达到97%以上(灌砂法)。压实时,遵循初压→复压→终压的程序,压至无轮迹为止。注意初压要充分,振压不起浪、不推移。碾压设备组合及程序如下:

(1)初压:采用钢轮振动压路机与轮胎压路机一前一后组合,同进同退,各静压1遍。

(2)复压:弱振动碾压——采用钢轮振动压路机与轮胎压路机一前一后组合,同进同退,各碾压1遍;强振动碾压——重型振动压路机碾压不少于3遍。

(3)终压:双钢轮压路机静压不少于1遍,直至无明显轮迹。压路机碾压时至少重叠1/3轮宽,碾压完成后应立即用灌砂法检测压实度。

压路机倒车应自然停车,无特殊情况,不许刹车;在第一遍初步稳压时,倒车后应原路返回,换挡位置应在已压好的段落上,在未碾压的一端换挡倒车位置应错开成齿状,出现个别拥包时,进行铲平处理。

压路机碾压时的速度,初压为 1.5~1.7km/h,复压、终压为 1.8~2.2km/h。压路机增设限速装置。

4.3.7 接缝处理

横向接缝避免采用切割机进行切割,在当天施工完成温度未完全降低前人工采用风镐刨除找齐。这是由于切割面太齐而且切割面会有泥浆且不利于和下一摊铺面之间的结合。下一摊铺段落摊铺前摊铺机预热时,可将摊铺机熨平板坐在横向接缝处利用熨平板对接缝位置进行加热变冷接缝为热接缝。

横向接缝应先用双钢轮压路机进行横向碾压,碾压时压路机应位于已压实的混合料层上,伸入新铺层的宽度宜为15cm,然后每压一遍向新铺混合料移动15~20cm,直至全部在新铺层上为止,再改为纵向碾压。横向接缝碾压前进时静压,后退振动,避免前进开振造成接缝处下凹引起接缝处的平整度偏差。

要严格控制交通,对铺筑好的沥青层做好保护,保持整洁,不得造成污染。严禁在沥青层上堆放施工产生的土或杂物,严禁在已铺沥青层上制作水泥砂浆。

4.4 透层、封层、黏层施工

4.4.1 透层

水稳基层及级配碎石垫层采用喷洒透层油进行封水养生,透层油宜在施工完毕后表面稍干但未硬化状态下立即喷洒,透层油应采用沥青含量不低于50%的慢裂阴离子或非离子乳化沥青,水稳基层撒布量宜不小于1.5kg/m²(乳化沥青总量),级配碎石撒布量宜不小于2.0kg/m²(乳化沥青总量),可以通过进行试洒确定。喷洒后应通过钻孔或挖掘确认透层油透入下层的深度不小于5mm。透层油的质量应满足《公路沥青路面施工技术规范》(JTG F40—2004)中表4.3.2对PA-2与PN-2的技术要求。

4.4.2 封层

透层之上设下封层,宜采用同步碎石封层方法施工。封层所用沥青为SBS改性沥青,技术指标与面层SBS改性沥青一致。

封层所用集料为5~10mm单粒径规格石灰岩碎石,技术要求与面层集料要求一致,碎石要经过拌和站加热除尘,掺加3‰~5‰的道路石油沥青进行预拌后使用。下封层沥青洒布量为1.2~1.4kg/m²,碎石覆盖率要求不大于70%,一般控制在5~7kg/m²之间,宜通过试验段确定具体洒(撒)布量,撒布碎石后采用胶轮压路机碾压,以不粘轮、不产生松动层为宜。

采用智能型同步碎石封层车进行施工,沥青与集料洒布均匀、匹配。封层洒布后立即采用胶轮压路机稳压1~2遍。同步碎石封层施工完成后,应待沥青温度降至50℃以下方可限速开放临时交通或进行沥青混凝土路面铺筑。

碎石封层的施工应合理安排时间,应经过不少于12h,集料与沥青充分吸附后再进行上部沥青层的施工,碎石封层施工后不宜长时间放置,防止灰尘污染。

4.4.3 黏层

在沥青层之间,在与沥青混合料接触的路缘石的侧面,以及认为有必要保证黏结的位置应浇洒黏层沥青。

用于黏层的改性乳化沥青(PCR)应满足表4-1的质量技术要求。

用于黏层的改性乳化沥青(PCR)质量技术要求　　　　　　表4-1

试验项目		单位	改性乳化	试验方法
破乳速度		—	快裂或中裂	T 0658
粒子电荷		—	阳离子(+)	T 0653
筛上剩余量(1.18mm)		%	≤0.1	T 0652
黏度	恩格拉黏度 E_{25}	—	1~10	T 0622
	沥青标准黏度 $C_{25,3}$	S	8~25	T 0621
蒸发残留物性能试验	残留物含量	%	≥50.0	T 0651
	针入度(100g,25℃,5s)	0.1mm	40~100	T 0604
	软化点	℃	≥50	T 0606
	延度(5℃)	cm	≥20	T 0605
	溶解度(三氯乙烯)	%	≥97.5	T 0607
与矿料黏附性,裹覆面积		—	≥2/3	T 0654
储存稳定性	1d	%	≤1	T 0655
	5d	%	≥5	T 0655

黏层乳化沥青采用智能沥青洒布车施工,建议洒布量为 $0.4\sim0.6\text{kg/m}^2$,FAC-13 结构层洒布量宜取范围低限,具体洒布量根据试洒确定。

洒布时车速及喷洒量应保持稳定,沥青洒布车在整个宽度内喷洒应均匀,在路缘石侧面及其他不易喷洒的部位等应用刷子进行人工涂刷。

洒布黏层沥青应满足下列条件：

(1)黏层沥青应均匀洒布或涂刷,浇洒过量处,应予刮除。

(2)路面有杂物尘土时应清除干净。当有粘上的土块时,应用水刷净,待表面干燥后浇洒。

(3)气温低于10℃时或路面潮湿时,不得洒布黏层沥青。

(4)洒布黏层沥青后,严禁除沥青混合料运输车外的其他车辆、行人通过。

(5)黏层油宜在当天洒布,待乳化沥青破乳、水分蒸发完成,紧跟着摊铺沥青层,确保黏层不受污染。

4.5 热拌沥青混合料施工

4.5.1 施工工艺流程

热拌沥青施工工艺流程如图 4-14 所示。

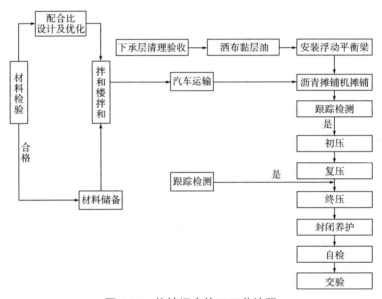

图 4-14 热拌沥青施工工艺流程

4.5.2 施工前准备

原材料在施工过程中应保持稳定,不得随意变更;施工前对各种施工机具应进行全面检查,应经调试并使其处于良好的性能状态,施工能力应配套,重要机械宜有备用设备。

拌和站经过计量系统的静、动态标定校准,根据配合比的要求,通过计算机自动控制程序,设定各档规格的矿料生产比例,确保混合料生产质量满足相关要求。

项目部组织相关技术人员认真熟悉图纸和相关技术文件,并在施工前做好交底工作,确保试验段顺利实施。

对施工的工作面范围进行交通管制,提前对施工区域路段进行交通封闭。

沥青混合料的松铺系数应根据实际的混合料类型、施工机械和施工工艺等由试铺试压确定,摊铺过程中应随时检查摊铺层厚度及路拱、横坡,并按有关规定进行校验,不符合要求时应根据铺筑情况及时进行调整,一般沥青混合料的松铺系数为1.15~1.25,并满足初始压实度不得小于85%的要求。

4.5.3 混合料技术标准

沥青路面混合料设计采用马歇尔设计方法,设计中采用工程实际使用的材料计算各种材料的用量比例,目标配合比结果供拌和机确定各冷料仓的供料比例及进料速度,确定最佳用量后,进行有关路用性能的检测。

按照我国现行有关规范规定,应对沥青混合料的高温稳定性、低温抗裂性及水稳定性进行检测,其中高温稳定性及低温抗裂性检测试件采用轮碾法成型,水稳定性检测试件采用马歇尔击实法成型。

1) 抗疲劳层技术标准

抗疲劳层沥青混合料级配范围及配合比设计技术要求见表4-2、表4-3。

抗疲劳层沥青混合料级配范围 表4-2

筛孔尺寸(mm)	16	13.2	9.5	4.75	2.36	1.18	0.6	0.3	0.15	0.075
FAC-13通过率上限(%)	100	100	85	68	50	38	28	20	15	8
FAC-13通过率下限(%)	100	90	68	38	24	15	10	7	5	4

抗疲劳型沥青混合料配合比设计技术要求 表4-3

指标	单位	技术标准
击实(旋转压实)次数(双面)	次	75
试件尺寸	mm	$\phi 101.6 \times 63.5$
空隙率VV(毛体积法)	%	2~3
稳定度MS	kN	≥8
流值FL	mm	2~4
矿料间隙率VMA	%	≥13~16
沥青饱和度	—	≥80

2）LSPM-25 技术标准

LSPM-25 沥青混合料推荐级配范围及马歇尔击实试验设计技术标准见表 4-4、表 4-5。

LSPM-25 沥青混合料推荐级配范围　　　　　表 4-4

混合料类型	合成级配各筛孔通过率(%)											
	37.5	31.5	26.5	19	13.2	9.5	4.75	2.36	1.18	0.6	0.3	0.15	0.075
LSPM-25 通过率上限	100	100	98	85	62	45	29	18	15	10	7	6	4
LSPM-25 通过率下限	100	90	70	50	32	20	6	6	3	2	1	1	1

LSPM-25 马歇尔试验设计技术标准　　　　　表 4-5

试验指标	单位	技术标准
公称最大粒径	mm	≥26.5
马歇尔试件尺寸	mm	$\phi 152.4 \times 95.3$
击实次数（双面）	次	112
空隙率 VV	%	13~18
沥青膜厚度	μm	>12
析漏损失	%	≤0.2
飞散损失	%	≤20
参考沥青用量	%	2~3.5

3）LGAC-20 技术标准

LGAC-20 沥青混合料配合比设计技术要求及性能验证技术要求见表 4-6、表 4-7。

LGAC-20 沥青混合料配合比设计技术要求　　　　　表 4-6

试验指标	单位	技术标准
击实次数（双面）	次	75
试件尺寸	mm	$\phi 101.6 \times 63.5$
空隙率 VV（毛体积法）	%	≥3~5

续上表

试验指标	单位	技术标准
PR 掺量	%	≥0.7
稳定度 MS	%	≥8
流值 FL	mm	1.5~4
冻融劈裂试验,残留强度比	%	≥80
矿料间隙率 VMA	%	≥12~15
沥青饱和度 VFA	%	65~75

注:当设计的空隙率不是整数时,矿料间隙率(VMA)的最小值要求应根据《公路沥青路面施工技术规范》(JTG F40—2004)表 5.3.3-1 和表 5.3.3-2 内插得到。

LGAC-20 沥青混合料性能验证技术要求　　　表 4-7

试验项目		单位	技术要求	试验方法
车辙试验动稳定度(70℃)		次/mm	≥3000	T 0719
水稳定性	浸水马歇尔试验残留稳定度	%	≥85	T 0709
	冻融劈裂试验残留强度比	%	≥80	T 0729
渗水系数		mL/min	≤120	T 0730
低温弯曲试验破坏应变		$\mu\varepsilon$	≥2500	T 0728

注:车辙试验试件不得采用经过加热重塑成型的试件,试验必须检验其密度是否符合试验规程的要求。

4) SMA-13 磨耗层技术标准

SMA-13 磨耗层沥青混合料马歇尔试验技术要求见表 4-8。

SMA-13 磨耗层沥青混合料马歇尔试验技术要求　　　表 4-8

试验项目	单位	磨耗层沥青混合料
击实次数(双面)	次	75
空隙率	%	3.5~4.5
矿料间隙率	%	>17
饱和度	%	75~85
稳定度	kN	>6

续上表

试验项目	单位	磨耗层沥青混合料
流值	0.1mm	—
粗集料间隙率 VCA	%	≥VCA_{DRC}
冻融劈裂强度比	%	>80
动稳定度	次/mm	>4000
谢伦堡析漏	%	<0.1
肯塔堡飞散	%	<15

注：VCA_{DRC}为粗集料捣实状态下的间隙率。

4.5.4 混合料拌制

采用间歇式沥青拌和站，拌和站最大生产能力不低于400t/h，配备良好的二级除尘设备。通过试拌试铺效果，确定合适的拌和时间、冷料供料比例等各类参数。

配备足够的沥青罐(一般应大于300t，要求由6个50t卧罐组成，对于改性沥青不得使用200t以上立罐，改性沥青罐应配备足够的强制搅拌装置)。

燃烧器采用天然气等清洁能源加热方式，不得采用煤粉加热方式。干燥筒具有全自动温控系统，控制误差不大于±5℃。燃烧器为全自动比例控制，调节比大于1:4。烘干筒出料口设置红外或热电偶温度传感器。

重量计量系统准确度，集料不低于±0.5%，矿物填充剂不低于±0.5%，沥青不低于±0.3%，纤维不低于±1%。

在生产过程中，为了避免小筛网出现筛网堵塞现象，拌和站在每天开机后及停机前要进行空振，拌和站进行自洁，表面层采用SMA结构时，需选择1号筛3cm×3cm菱形筛与2号5cm×5cm菱形筛进行搭配，如1号方孔筛采用3cm×4cm方孔筛，则2号筛网需选择6cm×6cm方孔筛。

拌和过程中，逐盘采集并打印各个传感器测定的材料用量和沥青混合料拌和量、拌和温度、拌和时间等各种参数。每个台班结束后，用拌和楼统计出的各档材料数量，进行沥青混合料生产质量及铺筑厚度的总量检验(以各仓用量及各仓筛分结果,在线抽查矿料级配;计算平均施工级配和油石比,与设计结果进行校核;以每天产量计算平均厚度,与路面设计厚度进行校核)。

每天拌料前,应对拌和设备及配套设备进行检查,必要时对主要部件采取保温措施,使各仪表处于正常的工作状态。定期对计量装置进行校核,保证混合料中油石比及矿料级配的允许偏差符合《沥青路面施工技术规范》(JTG F40—2004)要求。

沥青混合料的拌和时间由试拌确定,以沥青混合料拌和均匀、所有矿料颗粒全部裹覆沥青混合料为度。

FAC-13沥青混合料纯拌和时间不宜少于40s,其中湿拌时间不宜少于35s,干拌时间不宜少于5s;LSPM-25试验段设定每盘料的生产周期约55s,其中干拌时间延时为10s,湿拌时间约45s;LGAC-20试验段设定每盘料的生产周期约65s,其中干拌时间延时为15s,湿拌时间约50s;SMA-13试验段设定每盘料的生产周期约65s,其中干拌时间延时为15s,湿拌时间约50s;确保混合料拌和均匀、无花白、无结团,沥青裹覆均匀亮泽;加热系统温度控制符合规范要求,施工温度控制见表4-9。

施工温度控制表 表4-9

序号	名称	FAC-13、LSPM-25、SMA-13 温度(℃)	LGAC-20 温度(℃)
1	沥青加热温度	165~175	165~175
2	集料加热温度	190~200	195~200
3	出料温度	175~185	180~190
4	摊铺温度	≥165	≥170
5	初压温度	≥160	≥165
6	复压温度	≥140	≥145
7	终压温度	≥110	≥115
8	开放交通时路表温度	≤50	≤50

4.5.5 沥青混合料运输

为保证沥青混合料源源不断地运至摊铺现场,必须配备足够的运输车辆(运料车),每小时运力必须大于拌和机产量。运输车辆数量 N 可按式(4-1)计算。

$$N = \frac{k(t_1 + t_2 + t_3)}{T} \tag{4-1}$$

式中:t_1——车辆满载由拌和厂行驶至摊铺现场的行驶时间(min);

t_2——车辆空载由摊铺现场至拌和厂的行驶时间(min);

t_3——在工地卸料以及在拌和厂和工地等待的总时间(min);

T——拌和一车混合料所需的时间(min),$T = 60C/G$;

C——单车装载能力(t);

G——拌和设备生产能力(t/h);

k——安全储备系数,视运输道路上的交通情况而定,一般取 $k = 1.1 \sim 1.2$。

采用足够数量的大吨位自卸汽车运输,其车厢底部及四壁应冲洗清扫干净,并涂一薄层隔离剂,防止热料或冷料粘于箱壁,但不得有余液积聚在车厢底部。

装车时,自卸汽车(运料车)应来回挪动车位,应分 5 次挪动汽车位置,以尽量减少离析,如图 4-15 所示。卸料落差不应大于 2m。

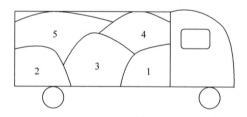

图 4-15 混合料装料方式

设专人逐车逐次清理运料车厢底及四壁粘上的冷料,同时重新涂刷隔离剂。运料车装料后采用数字显示插入式热电偶温度计检测沥青混合料的出厂温度和运到现场温度,温度计插入深度要大于 15cm。在运料车侧面中部设有专用检测口,孔口距车厢底部约30cm。

每一辆运料车都配备篷布覆盖设施,用以保温和防雨,覆盖要牢固、全面,不得松动;车厢壁外侧采用棉被包裹,防止车厢壁直接与空气接触流失过快。

拌和机向运料车放料时,应先装前部,再装后部,最后装中部,以减少混合料的离析。同时不要装料太满,以减少热料与箱壁上部的接触,以减少降温结块。

连续摊铺过程中,运料车应在离摊铺机10～30cm时挂空挡停车,不得碰撞摊铺机,靠摊铺机推动前进,上坡地段可挂低速挡配合摊铺机同步向前移动。

沥青混合料运输车的运量应较拌和能力和摊铺能力有所富余,在摊铺机前应至少有5台的运料车等候卸料,以做到均匀、连续不间断地摊铺。

运料车到达施工现场后,交验出厂料单,然后测温签收,合格后由专人指挥卸料。

运料车没有倒完的料,应卸在靠近摊铺机10m范围、履带外路面边缘处,由人工及时铲入料斗内。料堆较大时应由人工摊平,摊铺机操作人员应在熨平板到达该料堆前减少螺旋输送器布料量,防止熨平板受到过大的混合料阻力造成成形路面平整度和高程偏差。如果车厢内存积的料较少且温度较低,卸下后应清除废弃。遗留在车后门边缘处残留料应及时清除,不得将冷却的沥青料混杂在热料中。

4.5.6　沥青混凝土的摊铺

用两台摊铺机进行全宽一次摊铺(两台摊铺机均为伸缩板),避免出现纵向冷接缝。摊铺机就位后,按松铺系数计算出松铺厚度,调整熨平板高度在下面垫木块,厚度与松铺厚度相等,使熨平板牢固在上面,并调整好熨平板仰角。中间层铺筑厚度为6cm,松铺系数拟定为1.2,松铺厚度7.2cm,同时调整摊铺机使熨平板横坡度满足设计要求。

摊铺前0.5～1h预热熨平板,使熨平板温度在100℃以上。调整好夯锤,采用高振幅强夯,保证摊铺混合料的密实性达到80%～85%。摊铺机开始受料前,在料斗内涂刷少量洗衣粉水溶液,防止粘料。检查沥青混合料的到场温度,保证摊铺温度不低于165℃。

开始摊铺时,宜选用在现场待料时间最短的运料车(即待料车中最后一辆到达现场的运料车),因为此混合料温度散失较少,在为摊铺机料斗、刮板、螺旋叶片传输热量后,比其他混合料更能保证摊铺温度。

采用两台摊铺机梯队摊铺时,前后两台摊铺机相距5～10m,呈梯队方式同步摊铺,两幅之间应有50～100mm的搭接。两台摊铺机摊铺层的纵向接缝采用斜接缝,避免出现缝痕。

摊铺机的摊铺速度应与拌和设备的生产能力相适应,应保证摊铺过程匀速、缓慢、连续不间断,中途不得随意变速或停机,摊铺速度宜控制在2.0～3.0m/min之间。调整好螺旋布料器两端的自动料位器,并使料门开度、链板送料器的速度和螺旋布料器的转速相匹配。螺旋布料器内混合料表面以略高于螺旋布料器2/3为度,使熨平板的挡板前混合料的高度在全宽范围内保持一致,避免摊铺层出现离析现象。当熨平板所需厚度固定后,不得随意调整,螺旋分料器的高度应与材料类型、铺层厚度适应,应按摊铺材料特性和厚度调整工作装置的振频和振幅。夯锤与熨平板的振动装置必须启用,具体设置参数经试验确定。

摊铺机尽量第一时刻收斗,不得频繁拢料,以减少面层离析。同时设专人检查铺筑厚度及平整度,发现局部离析、拖痕及其他问题时,应分析原因以及时处理和调整。

大粒径碎石透水性柔性基层设计厚度为10cm,一次摊铺成型,必须配备振幅可调范围大的振动压实机械,并采用高振幅的方式进行碾压,以确保压实效果。

用机械摊铺的混合料,不应用人工反复修整局部,且施工人员不得在未碾压的路面上行走,以防行走过程中鞋底带走混合料,形成坑洞。当出现下列情况时可用人工做局部找补或更换混合料:

(1)横断面不符合要求;

(2)构造物接头部分缺料;

(3)摊铺带边缘局部缺料;

(4)表面明显不平整;

(5)局部混合料明显离析;

(6)摊铺机后有明显的托痕。

人工找补或更换混合料应在现场主管人员指导下进行,缺陷严重时,应予铲除,并调整摊铺机或改进摊铺工艺。

4.5.7 沥青混合料的碾压

压实应选择合理的压路机组合方式及碾压步骤,并应达到最佳碾压结果,根据路面设计情况,沥青混合料压实建议采用胶轮压路机和振动压路机组合方式,具体碾压工艺由铺筑试验段确定。

沥青混合料压实:采用不少于4台的双钢轮振动压路机、不少于2台的胶轮压路机以及不少于1台的小型振动压路机等机械。

振动压路机为双驱、双振、多幅,自重13t以上。对于沥青稳定碎石基层,所配压路机应具有压实100mm厚度的能力。胶轮压路机自重为26t以上,必须带有配重。小型振动压路机自重为2~4t。

碾压前首先对压路机进行检查清理,双钢轮压路机铺设彩条布进行除锈处理,防止初压段落表面出现水锈迹现象。

双钢轮压路机碾压遵循的原则:高温紧跟碾压,先轻后重,先静后振,严格按照"高频、低幅、紧跟、慢压"的原则(振频50Hz,振幅0.5mm),由低向高,从内向外,相邻碾压带轮迹重合为20~30cm。碾压段落层次分明呈梯形状,设置明显的分界标志,并设专人指挥。

每次碾压区的长度约为50m,两端的折返位置应随摊铺机前进而推进,初压、复压、终压都应在尽可能高的温度下进行。碾压时先起步后起振,停机时先停振后停机,严禁压路机在已完成的或正在碾压的路段上掉头和急制动。

碾压无漏压、过压,边部采用小型压路机碾压密实,碾压过程钢轮压路机的喷水量呈雾状,未出现粘轮现象。

不同路面结构层采用不同的压实工艺,具体碾压工艺组合见表4-10。

碾压工艺组合　　　　　　　　　表 4-10

碾压类型	碾压流程	压路机吨位（t）	碾压遍数	碾压方式	碾压速度（km/h）
FAC-13	初压	13	3~4	前静后振+振压	1.5~2.0
FAC-13	复压	30	2~4	静压	3.5~4.5
FAC-13	终压	11	1	静压	3.0~4.0
LSPM-25	初压	13	1+3	前静后振+振压	1.5~2.0
LSPM-25	复压	30	2	静压	3.5~4.5
LSPM-25	终压	11	2	静压	3.0~4.0
LGAC-20	初压	13	3	振压	4.0~5.0
LGAC-20	复压	30	4	静压	3.5~4.5
LGAC-20	终压	11	2	静压	3.0~4.0
SMA-13	初压	13	1	前静后振	2.0~3.0
SMA-13	复压	13	3	振压	3.0~5.0
SMA-13	终压	11	2	静压	3.0~4.0

4.5.8 接缝处理

横向施工缝采用垂直切缝的方式施工，接缝施工过程采用 3m 直尺检查，确保接缝平整度符合要求。

(1) 横向接缝：采用平接缝。横向接缝的碾压应先用双钢轮压路机进行横向碾压，碾压时压路机应位于已压实的混合料层上，伸入新铺层的宽度宜为 15cm，然后每压一遍向新铺混合料移动 15~20cm，直至全部在新铺层上为止。再改为纵向碾压，横向接缝碾压时前进应是静压后退振动，避免前进开振造成接缝处下凹引起接缝处的平整度偏差。

在铺设当天混合料冷却但尚未结硬时，用 3m 直尺沿纵向放置，在摊铺段端部的直尺呈悬臂状，以摊铺层与直尺脱离接触处定出接缝位置，人工用镐垂直刨除端部层厚不足的部分，使接缝能直角连接，并涂抹改性乳化沥青；再次施工时，刨除的断面应保持干燥。

横向接缝避免采用切割机进行切割,应在当天施工完成温度未完全降低前人工采用风镐刨除找齐。这是由于切割面太齐而且切割面会有泥浆且不利于和下一摊铺面之间的结合。下一摊铺段落摊铺前摊铺机预热时,可将摊铺机熨平板坐在横向接缝处,利用熨平板对接缝位置进行加热变冷接缝为热接缝。

(2)纵向接缝:摊铺时采用梯队作业的纵缝采用热接缝,将前端摊铺机段落留下10~20cm作为后机部分的基准面,然后全幅摊铺完成跨缝碾压,以消除缝迹。纵向接缝跨缝碾压时尽可能地提早碾压并适当增加碾压遍数,以达到密实。纵向接缝,上下层间应有错位,并不少于15cm。

4.5.9　交通管制

沥青混合料铺筑完成后,封闭交通,待摊铺层完全自然冷却,混合料表面温度低于50℃后开放交通。铺筑好的沥青层严格交通管制,保持整洁,严禁在沥青面层上堆放施工产生的土或者杂物。严禁在沥青层上制作水泥砂浆或造成油物污染。

4.5.10　质量保证措施

(1)必须保证原材料质量。对所有拟用于工程的材料抽检,不合格材料不准入场。对所有外购材料,在签订订货合同之前向监理工程师提供拟采购材料的样品,并提供有关试验报告、出厂合格证和产品质量检验单,向监理工程师提供外购计划,经检测合格批准后使用;严格按要求进行材料抽检并委托具有资质的第三方检测单位检测。

(2)施工前,对配合比进行确认,控制碎石级配在偏差允许范围内,控制各种材料的配合比。在施工过程中定期复核,发现偏差报请监理工程师后及时修正,严禁随意修改。

(3)施工过程中,对图纸及测量资料进行符合,未经复核不施工。对上一道工序及时总结,对下一道工序进行施工交底,在完成交底总结之前不施工下道工序。

(4)建立和完善工地试验室设施,配齐各种试验检测仪器及足够合格的试验人员。健全试验室的各项规章制度,按要求定期对试验仪器进行标定,按技术规范要求完成各项标准试验和现场的质量检测试验,确保各种试验数据的真实可靠。

(5)严格试验工作,从原材料检测到配合比试验、拌和机出成品料等全过程跟踪检测试验,发现问题及时通知相关负责人,抓紧采取必要措施进行处理,严格做好原材料和混合料的检验工作。使用施工当天实际使用的材料确定理论密度,采用实测数据确定压实度,确保压实质量。

CHAPTER FIVE 5

全厚式长寿命沥青路面检验与验收

全厚式长寿命沥青路面主要从集料、沥青与沥青混合料、施工过程控制三个方面进行检验、验收。

5.1 集料

5.1.1 粗集料

按表 5-1 建议的检查项目与频度,对粗集料的质量进行检验,每个检查项目的平行试验次数或一次试验的试验数按相关试验规程的规定执行,并以平均值评价是否合格。未列入表中的材料的检查项目和频度按材料质量要求确定。

沥青混合料用粗集料质量检验　　　　表 5-1

指标		检验频率	质量标准
石料压碎值	上面层	备料前每料源 2 个样品或料源变化及必要时	≤24%
	其他层次		26%
洛杉矶磨耗损失	上面层	备料前每料源 2 个样品或料源变化及必要时	≤28%
	其他层次		≤30%
磨光值(PSV)	上面层	备料前每料源 2 个样品或料源变化及必要时	≥42
	其他层次		—
表观相对密度	上面层	备料前每料源 2 个样品或料源变化及必要时	≥2.60t/m³
	其他层次		≥2.50t/m³
吸水率	上面层	备料前每料源 2 个样品或料源变化及必要时,对上面层应经常关注吸水率的变化	≤2.0%
	其他层次		≤3.0%
坚固性		备料前每料源 2 个样品或料源变化及必要时	≤12%
针片状颗粒含量	上面层	每 2000m³ 测 2 个样品或料源变化及必要时	≤15%
	其他层次		≤18%
水洗法 <0.075mm 颗粒含量		每 2000m³ 测 2 个样品或料源变化及必要时	≤1%

续上表

指标		检验频率	质量标准
软石含量	上面层	备料前每料源2个样品或料源变化及必要时	≤3%
	其他层次		≤5%
与沥青的黏附性	上面层	备料前每料源2个样品或料源变化及必要时	≥5级
	其他层次		≥4级
颗粒分析		每1000m³测2个样品或料源变化及必要时	符合级配要求

注:1. 表中所列内容是在材料进场时已按"批"进行了全面检查的基础上,日常施工过程中质量检查的项目与要求。
　2. "必要时"是指施工各方任何一个部门对其质量发生怀疑,提出需要检查时,或是根据需要商定的检查频度。

5.1.2 细集料

按表5-2规定的检查项目与频度,对细集料的质量进行检验,每个检查项目的平行试验次数或一次试验的试验数必须按相关试验规程的规定执行,并以平均值评价是否合格。未列入表中的材料的检查项目和频度按材料质量要求确定。

沥青混合料用细集料质量检验　　表5-2

检验项目	检验频率	质量标准
表观相对密度	备料前每料源2个样品或料源变化及必要时	≥2.50t/m³
坚固性(>0.3mm部分)	备料前每料源2个样品或料源变化及必要时	≤12%
砂当量	备料前每料源2个样品或料源变化及必要时	≥70%
亚甲蓝	备料前每料源2个样品或料源变化及必要时	≤2.5g/kg
颗粒分析	每500m³测2个样品或料源变化及必要时	符合级配要求

注:1. 表中所列内容是在材料进场时已按"批"进行了全面检查的基础上,日常施工过程中质量检查的项目与要求。
　2. "必要时"是指施工各方任何一个部门对其质量发生怀疑,提出需要检查时,或是根据需要商定的检查频度。

5.1.3 矿粉

矿粉必须干燥、清洁。按表5-3规定的检查项目与频率,每个检查项目的平行试验次数或一次试验的试验数必须按相关试验规程的规定执行,并以平均值评价是否合格。未列入表中的材料的检查项目和频度按材料质量要求确定。

沥青混合料用矿粉质量检验　　　　　　　　　　表 5-3

检验项目	检验频率	质量标准
表观相对密度	备料前每料源 2 个样品或料源变化及必要时	≥2.50t/m³
亲水系数	备料前每料源 2 个样品或料源变化及必要时	≤1
塑性指数	备料前每料源 2 个样品或料源变化及必要时	≤4%
含水率	每 300t 测 2 个样品或料源变化及必要时	≤1%
颗粒分析	每 100t 测 2 个样品或料源变化及必要时	符合级配要求

5.2 沥青与沥青混合料

5.2.1 沥青

沥青为大宗关键材料，施工前须对沥青性能进行整套检验。沥青混合料用 SBS 改性沥青质量检验见表 5-4，并留样备检。此外，对改性沥青，每 5000t 进行一次改性沥青全套指标检测。为了控制 SBS 改性沥青中 SBS 改性剂掺加量的稳定性，过程中需要对 SBS 改性沥青进行 SBS 改性剂剂量的检测，每 1 万 t 进行一次 PG 分级检测和 SBS 改性剂剂量检测。

沥青混合料用 SBS 改性沥青质量检验　　　　　　表 5-4

指标	频率	质量标准
针入度(25℃,100g,5s)	每车 1 次	符合规范要求
延度(5cm/min,5℃)	每车 1 次	符合规范要求
软化点(环球法)	每车 1 次	符合规范要求
弹性恢复 25℃	1 次/500t	符合规范要求
离析试验	1 次/500t	符合规范要求
布氏旋转黏度 135℃	1 次/500t	符合规范要求
老化试验	1 次/500t	符合规范要求

5.2.2 沥青混合料

沥青拌和厂按下列步骤对沥青混合料生产过程进行质量控制，并按表 5-5

规定的项目和频率及质量要求检查沥青混合料产品的质量,如实计算产品的合格率。单点检验评价方法满足相关试验规程的试样平行试验的要求。

(1)观察料堆和皮带输送机各种材料的质量和均匀性,检查泥块及超粒径碎石,检查冷料仓有无窜仓。目测混合料拌和是否均匀、有无花白料、油石比是否合适,检查集料和混合料的离析情况。

(2)检查控制室各项设定参数、显示屏的示值,核对计算机采集和打印记录的数据与显示值是否一致。进行沥青混合料生产过程的在线监测、总量检验。进行沥青混合料动态管理。

(3)检测沥青混合料的材料加热温度、混合料出厂温度,取样抽提、筛分检测混合料的矿料级配、油石比。抽提筛分至少检查0.075mm、2.36mm、4.75mm、公称最大粒径及中间粒径等5个筛孔的通过率。

(4)取样成型试件进行马歇尔试验,测定空隙率、稳定度、流值、矿料间隙率VMA,计算合格率。对沥青饱和度指标可只作记录。沥青混合料存放时间对体积指标有一定影响,施工质量检验的马歇尔试验以拌和厂取样后立即成型的试件为准。

热拌沥青混合料的检验频率和质量要求　　　　表5-5

项目		检查频度及单点检验评价方法	质量要求或允许偏差	试验方法
混合料外观		随时	观察集料粗细、均匀性、离析、油石比、色泽、冒烟、有无花白料、油团等现象	目测
拌和温度	沥青、集料的加热温度	逐盘检测评定	符合本书规定	传感器自动检测、显示并打印
	混合料出厂温度	逐车检测评定	符合本书规定	出厂时逐车按《公路路基路面现场测试规程》(JTG 3450—2019)中 T 0981 人工检测
		逐盘测量记录,每天取平均值评定	符合本书规定	传感器自动检测、显示并打印

续上表

项目		检查频度及单点检验评价方法	质量要求或允许偏差	试验方法
矿料级配（筛孔）	0.075mm	逐盘在线检测	±1.5%	计算机采集数据计算
	≤2.36mm		±4%	
	≥4.75mm		±5%	
	0.075mm	逐盘检查，每天汇总1次取平均值评定	±1%	—
	≤2.36mm		±2%	
	≥4.75mm		±2%	
	0.075mm	每台拌和机每天1~2次，以2个试样的平均值评定	±1.5%（±1.5%）	《公路工程沥青及沥青混合料试验规程》（JTG E20—2011）中 T 0725、T 0735 抽提筛分与标准级配比较的差
	≤2.36mm		±4%（±3%）	
	≥4.75mm		±5%（±4%）	
沥青用量（油石比）		逐盘在线监测	±0.3%	计算机采集数据计算
		逐盘检查，每天汇总1次取平均值评定	±0.1%	《公路工程沥青及沥青混合料试验规程》（JTG E20—2011）T 0722、T 0721、T 0735
		每台拌和机每1~2次，以2个试样的平均值评定	±0.2%	
马歇尔试验：空隙率、稳定度、流值、矿料间隙率 VMA		每台拌和机每天1~2次，以6个试件的平均值评定	符合本书规定	《公路工程沥青及沥青混合料试验规程》（JTG E20—2011）中 T 0702、T 0709
浸水马歇尔试验		必要时（试件数同马歇尔试验）	符合本书规定	《公路工程沥青及沥青混合料试验规程》（JTG E20—2011）中 T 0722、T 0721、T 0735、T 0702、T 0709
车辙试验		必要时（以3个试件的平均值评定）	符合本书规定	《公路工程沥青及沥青混合料试验规程》（JTG E20—2011）中 T 0719

5.3 施工过程控制

5.3.1 一般规定

沥青路面铺筑过程中必须随时对铺筑质量进行检查,质量控制标准见表5-6。

沥青路面铺筑过程中铺筑质量的控制标准　　　表5-6

项目		检查频度及单点检验评价方法	质量要求或允许偏差 高速公路	试验方法
外观		随时	表面平整密实,不得有明显轮迹、裂缝、推挤、油汀、油包等缺陷,且无明显离析	目测
接缝		随时	紧密平整、顺直、无跳车	目测
		逐条缝检测评定	3mm	《公路路基路面现场测试规程》(JTG 3450—2019)中 T 0931
施工温度	摊铺温度	逐车检测评定	—	《公路路基路面现场测试规程》(JTG 3450—2019)中 T 0981
	碾压温度	随时	符合本书规定	插入式温度计实测
厚度	每一层次	随时 厚度50mm以下 厚度50mm以上	设计值的5% 设计值的8%	施工时,插入法量测松铺厚度及压实厚度
	每一层次	1个台班区段的平均值 厚度50mm以下 厚度50mm以上	−3mm −5mm	
	总厚度	每2000m²一点单点评定	设计值的−5%	《公路路基路面现场测试规程》(JTG 3450—2019)中 T 0912
	上面层	每2000m²一点单点评定	设计值的−10%	

续上表

项目		检查频度及单点检验评价方法	质量要求或允许偏差 高速公路	试验方法
压实度		每2000m²检查1组逐个试件评定并计算平均值	试验室标准密度的98% 最大理论密度的93%(94%) 试验段密度的99%	《公路路基路面现场测试规程》(JTG 3450—2019)中 T 0924、T 0922
平整度（最大间隙）	上面层	随时,接缝处单杆评定	3mm	《公路路基路面现场测试规程》(JTG 3450—2019)中 T 0931
	下面层	随时,接缝处单杆评定	5mm	
平整度（标准差）	上面层	连续测定	0.7mm	《公路路基路面现场测试规程》(JTG 3450—2019)中 T 0932
	中面层	连续测定	1.0mm	
	下面层	连续测定	1.3mm	
	柔性基层	连续测定	1.6mm	
宽度	有侧石	检测每个断面	±20mm	《公路路基路面现场测试规程》(JTG 3450—2019)中 T 0911
	无侧石	检测每个断面	不小于设计宽度	
纵断面高程		检测每个断面	±10mm	《公路路基路面现场测试规程》(JTG 3450—2019)中 T 0911
横坡度		检测每个断面	±0.3%	《公路路基路面现场测试规程》(JTG 3450—2019)中 T 0911

注:括号中为表面层 SMA 的要求。

沥青路面的压实度采取重点对碾压工艺进行过程控制、适度钻孔抽检压实度的方法。碾压过程中可采用无核密度仪等无破损检测设备进行压实密度过程控制,测点随机选择,一组不小于13点,取平均值。在路面完全冷却后,随机选点钻孔取样,如一次钻孔同时有多层沥青层时需用切割机切割,待试件充分干燥后(在第2d之后),分别测定密度,并以合格率低的作为评定结果。

压实成形的路面应按规定的方法随机选点检测渗水情况。

施工过程中随时对路面进行外观(色泽、油膜厚度、表面空隙)评定,尤其防止粗细集料的离析和混合料温度不均,造成路面局部渗水严重或压实不足,酿成隐患。如果确实该路段严重离析、渗水,且经 2 次补充钻孔仍不能达到压实度要求,确属施工质量差的,进行铣刨或局部挖补,返工重铺处理。

5.3.2 水泥改善土施工

水泥改善土施工质量执行《公路路基施工技术规范》(JTG/T 3610—2019)相关规定。

CHAPTER SIX 6

全厚式长寿命沥青路面应用实例

全厚式长寿命沥青路面首先应用于 2005 年在长深高速公路滨州长寿命沥青路面试验路(2005 年)通车,此后相继在济莱高速公路、青临高速公路、佛清从高速公路等多条高等级公路中成功应用。本章以佛清从高速公路为应用实例作以下论述。

6.1 试验段概况

佛清从高速公路是清远市、广州市公路网规划及佛山市公路水路交通"十一五"规划的重要组成部分,是广州市北三环外的重要一环,与现有的京港澳高速公路和扩建的广清—高速公路、广乐—高速公路、二广—高速公路等高速公路将形成双向高速 38 个车道对接广州,形成畅通的大高速网络融入珠三角。佛清从高速公路的建设,将有效缓解地方交通压力,改善佛山市的对外交通条件,提升佛山市在珠三角外围地区的整体区域竞争力。

全厚式长寿命沥青路面试验段位于佛清从高速公路佛山段。佛清从高速公路佛山段全长 41.398km,为高速化改造工程,主路设计速度为 100km/h,双向八车道高速公路标准。根据计划安排,在佛清从高速公路一期主线 K6+560~K6+660 右幅、K7+442~K7+860 右幅铺筑了长度 518m 的 LSPM-25 透水层试验段,设计宽度为 14.6m,厚度为 10cm。

6.1.1 路面结构

为确保试验段的代表性及试验数据可比较性,两种路面结构试验路设置于同幅侧。试验段结构方案 1(图 6-1)长度 254m;试验段结构方案 2(图 6-2)长度为 578m。另一幅按原设计修筑传统半刚性基层沥青路面,用作对比研究。

铺筑全厚式沥青路面结构设计方案拟定以上两种方案,根据本地原材料情况、材料性能研究及工程实际情况选定两种方案铺装试验路段。

```
┌─────────────────────────────────────┐
│   4cm SMA-13 SBS 改性沥青上面层      │
├─────────────────────────────────────┤
│   8cm AC-20C SBS 改性沥青中面层      │
├─────────────────────────────────────┤
│ 10cm 改性沥青大粒径沥青混合料 LSPM-25 │
├─────────────────────────────────────┤
│   4cm 改性沥青 FAC-13 抗疲劳层       │
├─────────────────────────────────────┤
│  1cm SBS 改性沥青同步碎石封层+透层   │
├─────────────────────────────────────┤
│      20cm 水泥稳定碎石上基层         │
├─────────────────────────────────────┤
│      20cm 水泥稳定碎石下基层         │
├─────────────────────────────────────┤
│        15cm 级配碎石垫层             │
├─────────────────────────────────────┤
│         40cm 路基改善土              │
└─────────────────────────────────────┘
```

图 6-1　试验段结构方案 1（总厚度 122cm）

```
┌─────────────────────────────────────┐
│  4cm SMA-13 复合改性沥青上面层       │
├─────────────────────────────────────┤
│            8cm LGAC-20               │
├─────────────────────────────────────┤
│         10cm 基质沥青下面层          │
├─────────────────────────────────────┤
│ 10cm 改性沥青大粒径沥青混合料 LSPM-25 │
├─────────────────────────────────────┤
│   4cm 改性沥青 FAC-13 抗疲劳层       │
├─────────────────────────────────────┤
│  1cm SBS 改性沥青同步碎石封层+透层   │
├─────────────────────────────────────┤
│        15cm 级配碎石垫层             │
├─────────────────────────────────────┤
│         40cm 路基改善土              │
└─────────────────────────────────────┘
```

图 6-2　试验段结构方案 2（总厚度 92cm）

注：1. 试验段路面结构土基顶面回弹模量至少应达到《广东省公路路面典型结构应用技术指南》S3 等级要求。
　　2. 水泥稳定碎石上、下基层采用双层连铺施工工艺。

6.1.2　配合比设计

针对本工程项目的设计标准及其工程特点，本书对热拌沥青混合料的配合比严格进行设计优化，具体遵照下列步骤进行。

1）目标配合比设计

目标配合比设计中充分利用同类道路与同类配比的施工实践经验，计算各种粗、细集料的用量比例,配合成既符合公路沥青路面施工技术规范要求又能够适应本建设项目当前施工工艺要求的矿料级配范围,并通过马歇尔试验确定最佳沥青用量。此矿料级配及沥青用量应作为目标配合比,供拌和机确定各冷料仓的供料比例、进料速度及试拌使用。

(1) FAC-13 沥青混合料目标配合设计。

FAC-13 沥青混合料目标配合比见表 6-1。

FAC-13 沥青混合料目标配合比　　　　表 6-1

级配	集料规格				
	10~15mm	5~10mm	3~5mm	0~3mm	填料
百分比(%)	22	23	9	43	3

FAC-13 沥青混合料目标配合比筛孔通过率及级配曲线见表 6-2、图 6-3。

设计目标配合比各筛孔通过率　　　　表 6-2

筛孔尺寸(mm)	16	13.2	9.5	4.75	2.36	1.18	0.6	0.3	0.15	0.075
通过率(%)	100	98	80.2	55.5	43.7	31.7	20.4	11.8	9.4	6.8

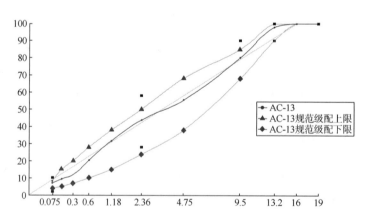

图 6-3　FAC-13 沥青混合料目标配合比设计级配曲线

FAC-13 沥青混合料目标配合比设计体积指标见表 6-3。

FAC-13 沥青混合料目标配合比设计体积指标　　　表 6-3

编号	试验项目	试验数值	要求范围
1	沥青含量(%)	5.1	—
2	毛体积相对密度	2.517	—
3	孔隙率(%)	2.6	2～3
4	矿料间隙率(%)	13.9	≥13
5	饱和度(%)	81.5	80～90
6	稳定度(kN)	13.8	≥8
7	流值(mm)	3	2～4

(2) LSPM-25 沥青混合料目标配合设计。

LSPM-25 沥青混合料目标配合比见表 6-4。

LSPM-25 沥青混合料目标配合比　　　表 6-4

级配	集料规格					填料
	20～30mm	10～20mm	5～10mm	3～5mm	0～3mm	
百分比(%)	30	35	16	9	9	1

LSPM-25 沥青混合料目标配合比各筛孔通过率及级配曲线见表 6-5、图 6-4。

LSPM-25 沥青混合料目标配合比各筛孔通过率　　　表 6-5

筛孔尺寸(mm)	31.5	26.5	19	16	13.2	9.5	4.75	2.36	1.18	0.6	0.3	0.15	0.075
通过率(%)	100	99.4	66.3	56.0	46.9	35.4	19.2	10.0	7.2	4.9	3.1	2.6	2.1

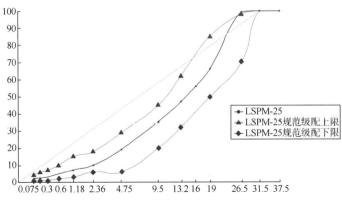

图 6-4　LSPM-25 沥青混合料目标配合比级配曲线

LSPM-25沥青混合料目标配合比设计体积指标见表6-6。

LSPM-25沥青混合料目标配合比设计体积指标　　表6-6

编号	试验项目	试验数值	要求范围
1	沥青含量(%)	3.1	—
2	毛体积相对密度	2.157	—
3	孔隙率(%)	17.6	13~18
4	沥青膜厚度(μm)	13.9	≥12
5	析漏损失(%)	0.15	≤0.2
6	飞散损失(%)	17.1	≤20

（3）LGAC-20沥青混合料目标配比设计。

LGAC-20沥青混合料设计目标配合比见表6-7。

LGAC-20沥青混合料设计目标配合比　　表6-7

级配	集料规格				
	10~20mm	5~10mm	3~5mm	0~3mm	填料
百分比(%)	47	19	9	23	2

LGAC-20沥青混合料目标配合比各筛孔通过率及级配曲线见表6-8、图6-5。

LGAC-20沥青混合料设计目标配合比各筛孔通过率　　表6-8

筛孔尺寸(mm)	26.5	19	16	13.2	9.5	4.75	2.36	1.18	0.6	0.3	0.15	0.075
通过率(%)	100	94.3	81.2	68.9	53.5	34.3	24	17.5	11.4	6.9	5.5	4.1

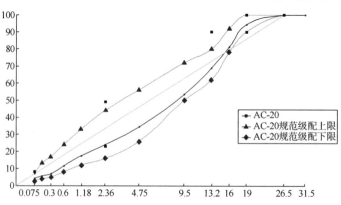

图6-5　LGAC-20沥青混合料目标配合比设计级配曲线

LGAC-20 沥青混合料目标配合比设计体积指标见表 6-9 。

LGAC-20 沥青混合料目标配合比设计体积指标　　　　表 6-9

编号	试验项目	试验数值	要求范围
1	沥青含量(%)	4.3	—
2	毛体积相对密度	2.461	—
3	孔隙率(%)	4.4	4~6
4	矿料间隙率(%)	14.2	≥13
5	饱和度(%)	68.1	65~75
6	稳定度(kN)	11.6	≥8
7	流值(mm)	2.7	1.5~4

(4) SMA-13 沥青混合料目标配合比设计。

SMA-13 沥青混合料设计目标配合比见表 6-10。

SMA-13 沥青混合料设计目标配合比　　　　表 6-10

级配	集料规格				
	10~15mm	5~10mm	3~5mm	0~3mm	填充料
百分比(%)	44	30	6	10	10

SMA-13 沥青混合料筛孔通过率及目标配合比级配曲线见表 6-11、图 6-6。

SMA-13 沥青混合料筛孔通过率　　　　表 6-11

筛孔尺寸(mm)	16	13.2	9.5	4.75	2.36	1.18	0.6	0.3	0.15	0.075
通过率(%)	100	96.1	59.8	27.6	18.9	16.5	13.8	12.3	10.8	9.2

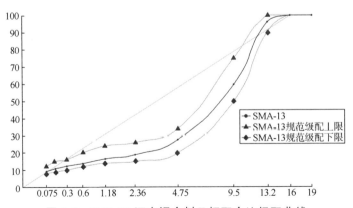

图 6-6　SMA-13 沥青混合料目标配合比级配曲线

SMA-13 沥青混合料目标配合比设计体积指标见表 6-12。

SMA-13 沥青混合料目标配合比设计体积指标　　　　表 6-12

编号	试验项目	试验数值	要求范围
1	沥青含量(%)	5.9	—
2	毛体积相对密度	2.620	—
3	孔隙率(%)	3.6	3~4
4	矿料间隙率(%)	17.2	≥17
5	饱和度(%)	77.3	75~85

2)生产配合比设计

生产配合比设计阶段主要是对沥青拌和机所试拌混合料进行抽提筛分,确定各冷料仓的材料比例,供拌和机控制并使用。同时,反复调整冷料仓进料比例,使供料均衡,并取配合比设计的最佳沥青用量及其 ±0.3% 等三个沥青用量进行马歇尔试验,以确定生产配合比的最佳沥青用量。

(1)FAC-13 生产配比采用矿料比例为 11~16mm:6~11mm:3.5~6mm:0~3.5mm:矿粉 = 22%:23%:9%:43%:3%,最佳油石比为 5.4%;其设计级配及各项指标均符合设计及规范要求,可用作指导后续 FAC-13 沥青混合料试拌及试验段施工。

(2)LSPM-25 沥青混合料生产配比采用矿料比例为 22~28mm:16~22mm:11~16mm:6~11mm:3.5~6mm:0~3.5mm:水泥 = 27%:23%:20%:14%:5%:9.5%:1.5%,最佳油石比为 3.2%;其设计级配及各项指标均符合设计及规范要求,可用作指导后续 LSPM-25 沥青混合料试拌及试验段施工。

(3)LGAC-20 沥青混合料生产配比采用矿料比例为 16~22mm:11~16mm:6~11mm:3.5~6mm:0~3.5mm:矿粉:水泥 = 24%:25%:18%:9%:21.5%:1.5%:1%,最佳油石比为 4.5%,聚酯纤维(PR)掺量为 0.7%;其设计级配及各项指标均符合设计及规范要求,可用作指导后续 LGAC-20 沥青混合料试拌及试验段施工。

(4)SMA-13 沥青混合料生产配比采用矿料比例为 11~16mm:6~11mm:

3.5～6mm：0～3.5mm：矿粉：水泥＝44%：29%：4%：14%：7%：2%；油石比5.8%，纤维掺量为0.3%；其设计级配及各项指标均符合设计及规范要求，可用作指导后续 SMA-13 沥青混合料试拌及试验段施工。

6.2 施工工艺

6.2.1 黏层施工

摊铺 FAC-13、LSPM-25、LGAC-20、SMA-13 试验段前，封闭施工区域，对试验段工作面下承层进行清扫后洒布沥青黏层(改性乳化沥青)，沥青黏层施工采用沥青洒布车进行喷洒改性乳化沥青(PCR)，乳化沥青用量为 $0.4～0.6kg/m^2$，黏层洒布未出现洒花漏空或成条状，未洒到位的边角部位及时进行人工补洒处理，洒布过程中全程安排试验人员对洒布量进行检测。

6.2.2 测量放样及松铺系数

本次 FAC-13、LSPM-25、LGAC-20、SMA-13 试验段摊铺均采用自动平衡梁控制高程、厚度及平整度，LSPM-25 及 LGAC-20 试验段松铺系数暂定为 1.25，FAC-13、SMA-13 试验段松铺系数暂定为 1.20，摊铺过程跟踪检测压实厚度情况调节松铺厚度，最后根据试验段的检测结果再加以计算确定。

6.2.3 混合料拌制

通过试拌试铺效果，确定合适的拌和时间，加热系统控制、冷料供料比例以及各种参数。FAC-13 沥青混合料纯拌和时间 45s，其中湿拌时间 35s，干拌时间 10s；LSPM-25 试验段设定每盘料的生产周期约 55s，其中干拌时间为 10s，湿拌时间约 45s；LGAC-20 试验段设定每盘料的生产周期约 65s，其中干拌时间为 15s，湿拌时间约 50s；SMA-13 试验段设定每盘料的生产周期约 65s，其中干拌时间为 15s，湿拌时间约 50s。确保混合料拌和拌和均匀、无花白、无结团，沥青裹覆均匀亮泽；加热系统温度控制符合规范要求。

LGAC-20 沥青混合料需添加占沥青混合料质量 0.7% 的 PR MODULE ®添加剂,PR MODULE ®添加剂采用直接投入法,当使用自动设备投料时,由投料机按设计添加量将 PR MODULE ®添加剂与集料同时投入拌缸;当使用人工投料时,由工人直接将 PR MODULE ®投入拌缸,需保证 PR MODULE ®投入与集料放料同时进行:

(1)将集料加热到 185~200℃,将 PR MODULE ®添加剂与加热后的集料同时投入拌缸,干拌时间不得少于 10s,以保证 PR MODULE ®添加剂的效能全面发挥。

(2)将热沥青喷入并拌和,混合料湿拌时间为以沥青能均匀裹覆矿料为度,约为 45s,每盘的生产周期不少于 55s。沥青混合料的出料温度为 175~185℃。

6.2.4 沥青混合料运输

沥青混合料采用 15 台大吨位载重汽车输送,装料前检查车厢内部清洁情况,在车厢底板及周壁喷洒(植物油:水 = 1:3)油水混合物液体,以防止黏结,没有过多余液积存;车厢左右侧需打孔用以温度检测,车厢顶部设置加厚篷布,用以覆盖保温、防雨、防污染;装料次序由专人指挥,为减少混合料的粗细颗粒离析,按前、后、中 3~5 次装料。

运料车进入摊铺现场时,轮胎保持洁净,不粘有泥土等污染脏物;混合料运输到场后摊铺前及时复测温度,避免因途中停顿或各种原因导致温度过低影响摊铺质量;施工现场指定专人指挥车辆按规定依次前后倒退回摊铺区域,严禁在工作面上掉头或紧急制动。

6.2.5 沥青混凝土的摊铺

1)摊铺方案

试验段采用两台摊铺机呈梯队进行联合摊铺,以满足摊铺宽度的要求,并通过水平传感器来调节摊铺厚度及高程。两台摊铺机相距 10~30m。纵向接缝采用热接缝,施工时将已铺混合料部分留下 10~20cm 宽暂不碾压,作为后铺部分的高程基准面。

根据摊铺情况摊铺机中间分料口位置加装反向螺旋,以减少中间部位纵向离析,摊铺机前端挡板底部加装滚动链网,防止底部集料聚集离析。摊铺机操作员专人专机;摊铺辅助工人分工明确,熟悉摊铺过程的各项辅助操作。

2)摊铺过程控制

摊铺机在开始受料前,在料斗内涂刷防止黏结的薄层隔离剂油水(植物油:水=1:3)混合液料;摊铺机就位后按初定的松铺厚度、横坡调整好熨平板,并进行预热,预热时间为30min。为保证摊铺连续性、提高路面平整度,施工现场到达5辆沥青混合料后开始摊铺。

根据拌和机的产量、施工机械的配套情况,现场摊铺速度控制在2m/min,整个摊铺过程基本均匀、连续不间断,未出现随意变换速度或中途停顿,运料车由专人指挥后退卸料,离摊铺机20~30cm时即停车并挂空挡,避免强烈碰撞,由摊铺机推动前行。起步时控制好熨平板的高程,根据摊铺机的性能设定夯实振动频率和振幅(试验段设定为5挡)。摊铺过程中,保证摊铺机布料器的布料稳定性,使其均匀不停地向两侧布料,布料器范围内的混合料高度保持在布料叶轮的顶面2/3位置,以避免混合料产生带状离析。遵循"收斗(尾料)不摊铺,待下一车料卸料后再送料摊铺"的规定,避免出现明显的窝状离析。

3)松铺厚度跟踪检测

摊铺过程中,测量组对松铺厚度进行跟踪检测,计算松铺厚度与插杆检测压实厚度的高差,根据设计厚度及时调整松铺厚度。

6.2.6 沥青混合料的碾压

沥青混合料压实:采用6台双钢轮振动压路机、2台胶轮压路机以及1台小型振动压路机等机械。振动压路机为双驱、双振、多幅,自重13t;胶轮压路机自重为30t;小型振动压路机自重为4t。

1)FAC-13沥青混合料碾压

初压:混合料摊铺以后振动压路机即可进行初压压实,采用高频低幅模式。

压实速度应为4~5km/h(与人行走速度相当),振动压实遍数为4遍。

复压:采用胶轮压路机,胶轮压路机的压实遍数3遍,需全幅碾压,碾压段落不宜过长,且复压段落不得与未完成初压的段落重合,应与初压段落保持10m左右间距。

终压:复压完成,即可以进行赶光。赶光可采用11t钢轮压路机,碾压1遍,速度可控制在3~4km/h之间。

FAC-13沥青混合料现场碾压如图6-7所示。

图6-7　FAC-13沥青混合料现场碾压

2)LSPM-25沥青混合料碾压

初压:两台双钢轮振动压路机,初压第1遍时,前进静压,后退振动;之后3遍前进后退均为振压。压实速度宜为1.5~2km/h。压路机采用高频高幅进行压实,相邻碾压带轮迹重合20~30cm。双轮振动压路机在振动压实时,保持前后双轮都开启振动。

复压:采用胶轮压路机,胶轮压路机压实2遍,全幅碾压,碾压段落不宜过长,且复压段落不得与未完成初压段落重合,应与初压段落保持10m左右间距。

胶轮压路机进入铺筑路面复压前,必须清除所有轮胎上的杂物,并涂抹隔离剂(不得洒水),隔离剂不得使用柴油等对沥青油有剥离性质的物质,且在胶轮压路机在第一个复压段落上尽量提高轮胎温度后,方可进入下一个复压段落。第一个复压段落的长度可在 30～50m 之间,复压压实遍数应能保证轮胎无明显粘轮,方可进行下一段落的复压压实。在复压过程中,如果胶轮温度已经提升,且无明显粘轮现象,可减少涂抹隔离剂的次数。

终压:复压完成,即可以进行赶光。赶光可采用 11t 钢轮压路机碾压 1 遍,速度可控制在 3～4km/h 之间。

LSPM-25 沥青混合料现场碾压如图 6-8 所示。

图 6-8　LSPM-25 沥青混合料现场碾压

3) LGAC-20 沥青混合料碾压

初压:混合料摊铺以后振动压路机即可进行初压压实,采用高频低幅模式。压实速度应为 4～5km/h(与人行走速度相当)。振动压实遍数为 3 遍,初压时前进后退均采用振动碾压方式,洒水装置进行间断洒水,水中可掺加少量清洗剂,只要保证不粘轮即可。

复压:采用胶轮压路机,胶轮压路机压实 4 遍,碾压段落不宜过长,且复压段落不得与未完成初压段落重合,应与初压段落保持 10m 左右间距。

终压:复压完成,即可以进行赶光。赶光可采用 11t 钢轮压路机静压 2 遍,速度可控制在 3～4km/h 之间。

由于混合料在冷却到 110℃ 以下用振动方式容易造成集料过度压碎,因此,在110℃以下不应再用振动碾压。

压路机的起动、停止必须减速缓慢进行。压路机停机前必须先关闭振动再停机,压路机启动后方可开启振动,且压路机的振动必须为前后双振,严禁使用单振。

LGAC-20沥青混合料现场碾压如图6-9所示。

图6-9 LGAC-20沥青混合料现场碾压

4) SMA-13沥青混合料碾压

初压:采用2台钢轮压路机前静后振碾压,振动碾压为高频压实,频率越高越适合薄层压实,振幅选用低幅。压实速度为速度2~3km/h(与人行走速度相当)。后退时轮迹应与前进时重合,相邻应使轮迹重合20~30cm。

复压:采用3台钢轮压路机振动碾压3遍,速度可控制在3~5km/h之间。如果温度降低到115℃左右,则不允许继续开振。

终压:采用11t钢轮静压2遍,速度可控制在3~4km/h之间。

由于混合料在冷却到110℃以下用振动方式容易造成集料过度压碎,因此,在110℃以下不应再用振动碾压。另外,由于沥青玛琋脂的存在,过度振压将造成玛琋脂的上浮,因此需要严格控制压实遍数,在合适的振实遍数以后不允许振压。SMA-13沥青混合料面层碾压须在沥青混合料温度降至110℃以前完成终压。

SMA-13沥青混合料现场碾压如图6-10所示。

图 6-10　SMA-13 沥青混合料现场碾压

6.2.7　接缝处理

FAC-13、LSPM-25、LGAC-20、SMA-13 沥青混合料的施工接缝紧密、连接平顺,未产生明显的接缝离析;横向施工缝采用垂直切缝的方式施工,接缝施工过程采用 3m 直尺检查,确保接缝平整度符合要求。

6.2.8　交通管制

沥青混合料铺筑完成后,封闭交通,待摊铺层完全自然冷却,混合料表面温度低于 50℃ 后开放交通。对铺筑好的沥青层实行严格的交通管制,保持整洁,严禁在沥青面层上堆放施工产生的土或者杂物。严禁在沥青层上制作水泥砂浆或造成油物污染。

6.2.9　施工过程的质量检测及质量控制

沥青混合料生产过程中,应随时加强原材料和混合料的质量控制,前场摊铺碾压完成后及时进行压实度、渗水、平整度、宽度、厚度、弯沉、构造深度及高程横坡等检测,并报监理验收。

6.3　效益分析

全厚式沥青路面能够使用 35~50 年。采用较厚的沥青层路面,可减少传统的沥青层底开裂和避免结构性车辙。采用该路面结构,仅表面层(4cm)每隔8~12年需进行功能性的维护,其路面结构使可以长久地使用下去。与传统路面结构需要每隔10年进行大修、设计期末(15年)进行周期性重建比较,其性价比更优。

佛清从高速公路应用的路面结构有两种,结构一是 4cmSMA-13 + 10cmEME-16 + 11cmEME-20 + 10cmLSPM-25 + 7cmAC-13F 抗疲劳层 + 120cm 改善土,结构二是 4cmSMA-13 + 10cmEME-16 + 11cmAC-25 + 10cmLSPM-25 + 7cmAC-13F 抗疲劳层 + 120cm 改善土,传统路面结构形式按照 4cmSMA-13 + 6cmAC-20 + 8cmAC-25 + 10cmLSPM-25 + 3×18cm 水泥稳定碎石基层 + 40cm 改善土作为对比。结构一与结构二与原设计沥青路面结构设计寿命均为40年,故分析期按40年进行计算,其分析模型分别为方案一与方案二,见表6-13、表6-14。其中,两种方案下的三种路面结构在全寿命周期内和建设与养护期内的能耗与排放见表6-15、表6-16及图6-11、图6-12。

方案一　　　　　　　　　　　　　　　　　表6-13

原设计路面结构		现设计路面结构一与结构二	
时间(年)	投入	时间(年)	投入
0	建设投入	0	建设投入
8	中修4cmSMA-13	12	中修4cmSMA-13
16	中修4cmSMA-13	24	中修4cmSMA-13
24	大修(4cmSMA-13 + 6cmAC-20)	36	中修4cmSMA-13
32	中修4cmSMA-13	40	—
40	大修(4cmSMA-13 + 6cmAC-20)	—	—

方案二　　　　　　　　　　　　　　　　　表6-14

原设计路面结构		现设计路面结构一与结构二	
时间(年)	投入	时间(年)	投入
0	建设投入	0	建设投入
8	中修4cmSMA-13	10	中修4cmSMA-13
15	大修(4cmSMA-13 + 6cmAC-20 + 上基层10%)	20	中修4cmSMA-13
30	重建(4cmSMA-13 + 6cmAC-20 + 上基层70%)	30	中修4cmSMA-13
40	中修(4cmSMA-13)	40	大修(4cmSMA + 10cmEME)

三种沥青路面结构全寿命周期内每公里的能耗与排放(方案一) 表6-15

材料类型		单位	原设计沥青路面结构	现设计沥青路面结构一	现设计沥青路面结构二
原材料物化阶段	总能耗	MJ	14873070.78	10469079.94	10026143.85
	CO_2排放	kg	2797765.384	870243.2964	843805.7028
建设施工期	总能耗	MJ	11928924	11249280	11249280
	CO_2排放	kg	884878.26	1073681.28	1073681.28
养护期	能耗	MJ	18480007.68	6930002.88	6930002.88
	CO_2排放	kg	1350865.92	506574.72	506574.72
全寿命周期	能耗	MJ	45282002.46	28648362.82	28205426.73
	标准煤	t	1545144.42	977559.64	962445.46
	CO_2排放	kg	5033509.564	2450499.296	2424061.703

三种沥青路面结构全寿命周期内每公里的能耗与排放(方案二) 表6-16

材料类型		单位	原设计沥青路面结构	现设计沥青路面结构一	现设计沥青路面结构二
原材料物化阶段	总能耗	MJ	14873070.78	10469079.94	10026143.85
	CO_2排放	kg	2797765.384	870243.2964	843805.7028
建设施工期	总能耗	MJ	11928924	11249280	11249280
	CO_2排放	kg	884878.26	1073681.28	1073681.28
养护期	能耗	MJ	30030012.48	15015006.24	15015006.24
	CO_2排放	kg	2195157.12	1097578.56	1097578.56
全寿命周期	能耗	MJ	56832007.26	36733366.18	36290430.09
	标准煤	t	1939261.8	1253441.8	1238327.65
	CO_2排放	kg	5877800.764	3041503.136	3015065.543

全厚式长寿命沥青路面路基以上均为沥青层,工程建设时,各结构层施工工艺及机械配备相同,减少了设备投入。由于沥青层无须养护,加之无须额外调配更换施工机具,下层施工完成后可立即原地进行上层施工,因此,大大提高了施工效率,节省了工期,施工效益明显。

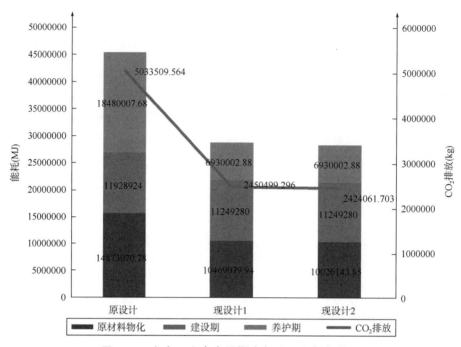

图 6-11 方案一全寿命周期内每公里能耗与排放

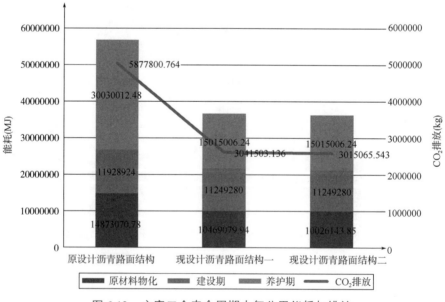

图 6-12 方案二全寿命周期内每公里能耗与排放

与现有路面结构比较,全厚式长寿命沥青路面在运营和维护过程中产生的铣刨废弃料极少,该技术设计的路面结构比传统路面结构减薄约30cm以上,四车道公路每公里节约石料7500m^3。据统计,传统四车道高速公路沥青路面每公里重建将产生1.7万 m^3 垃圾。运营后期以全国每年维修1万 km 计算,产生1.7亿 m^3 垃圾,而重建产生的直接费用将超过500亿元。采用全厚式沥青路面结构则可极大地减少维修废料产生,节省了巨大的重建费用。该技术对减少开山采石、节约资源、节省能源、减少碳排放、保护生态环境有重要意义,符合绿色公路要求,具有显著的经济及社会效益。

参考文献

[1] 中华人民共和国交通运输部.公路沥青路面设计规范:JTG D50—2017[S].北京:人民交通出版社股份有限公司,2017.

[2] 中华人民共和国交通部.公路路面基层施工技术规范:JTJ 034—2000[S].北京:人民交通出版社,2000.

[3] 中华人民共和国交通部.公路沥青路面施工技术规范:JTG F40—2004[S].北京:人民交通出版社,2004.

[4] 沙庆林.高等级道路半刚性路面[M].北京:中国建筑工业出版社,1993.

[5] 沈金安.国外沥青路面设计方法汇总[M].北京:人民交通出版社,2004.

[6] 冯治安,王选仓.长寿命路面典型结构研究、设计与施工技术[M].北京:人民交通出版社,2007.

[7] 黄仰贤.路面分析与设计[M].北京:人民交通出版社,1998.

[8] 沙庆林.重载交通长寿命半刚性路面设计与施工[M].北京:人民交通出版社,2011.

[9] 黄晓明,汪双杰.现代沥青路面结构分析理论与实践[M].北京:科学出版社,2013.

[10] 王旭东,肖倩.长寿命路面技术发展与实践[J].科学通报,2020,65(30):

3217-3218.

[11] 沈金安,李福普,陈景. 高速公路沥青路面早期损坏分析与防治对策[M]. 北京:人民交通出版社,2004.

[12] 沙庆林. 高速公路沥青路面早期损坏现象及预防[M]. 2版. 北京:人民交通出版社,2008.

[13] 崔鹏,邵敏华,孙立军. 长寿命沥青路面设计指标研究[J]. 交通运输工程学报,2008,8(3):37-42.

[14] 刘福明. 长寿命沥青路面损伤行为及其结构寿命的合理匹配研究[D]. 广州:华南理工大学,2010.

[15] 平树江,蒋亮,申爱琴,等. 半刚性材料作为长寿命沥青路面基层的适应性研究[J]. 公路交通科技,2009,26(4):29-33.

[16] 张慧丽,康栩政,张永满. 长寿命沥青混凝土路面抗疲劳层力学特性分析[J]. 公路,2008,53(5):161-165.

[17] 朱建平. 基于长寿命沥青路面设计理念的沥青混合料疲劳阈值研究[D]. 沈阳:沈阳建筑大学,2011.

[18] 杨光. 半刚性基层长寿命沥青路面典型沥青混合料疲劳性能研究[D]. 北京:交通运输部公路科学研究院,2011.

[19] NUNN M,FERNE B W. Design and assessment of long-life flexible pavements [J]. Trl Annual Review,1998:39-47.

[20] VON QUINTUS H L. Hot-mix asphalt layer thickness design for longer life bituminous pavements[J]. Transportation Research Circular,2001:66-78.

[21] THOMPSON M R, CARPENTER S H. Considering hot-mix-asphalt fatigue endurance in full depth mechanistic pavement design[J]. Construction and Building Materials,2010,24(6):871-877.

[22] ST MARTIN J, HARVAY J T, LONG F, et al. Long-life rehabilitation design and consteuction I-710freeway long beach, california [J]. Transportation Research Circular,2001,503:50-65.

[23] GHUZLAN K, CARPENTER S H. Engery-detived damage based failure

criteria for fatigue testing[J]. Journal of the Transportation Research Board, 2001, 1723:141-149.

[24] OSCARSSON E. Mechanistic-empirical modeling of permanent deformation in asphalt concrete layers[D]. Lund:Lund University,2011.

[25] LANE B, BROWN A W, Tighe Susan. Perpetual pavements: the ontario experiment[C]//Ohio: International Conference on Perpetual Pavements, 2006:1-12.

[26] Asphalt Pavement Alliance. Perpetual pavements a synthesis[Z]. Asphalt Pavement Alliance Order Number APA 101,2002:2-10.

[27] SOLAIMANIAN M, STOFFELS S M, YIN H, et al. Superpave in-situ stress/strain investigation-phase Ⅱ final report Vol. Ⅰ: Summary report[R]. Pennsylvania:Pennsylvania Transportation,2009.

[28] HORNYAK N J, CROVETTI J A. Perpetual pavement instrumentation project for the marquette interchange project-phase Ⅰ final report[R]. Pennsylvania: Pennsylvania Transportation,2007.

[29] WILLIS J R, TIMM D H. Repeatability of asphalt strain measurements under full scale dynamic loading[J]. Transportation Research Record:Journal of the Transportation Research Board,2008,1247(1):40-48.

[30] CHATTI K, KIM H B, YUN K K, et al. Field investigation into effects of vehicle speed and tire pressure on asphalt concrete pavement strains[J]. Transportation Research Record:Journal of the Transportation Research Board, 2016,1539(1):66-71.

[31] LOULIZI A, AL-QADI I L, ELSEIFI M. Difference between in situ flexible pavement measured and calculated stresses and strains[J]. Journal of Transportation Engineering,2016,132(7):574-579.

[32] 山东省交通科学研究院.永久沥青路面设计方法研究[R].济南:山东省交通科学研究院,2008.

[33] 侯荣国.复合式长寿命路面结构研究[D].西安:长安大学,2008.

[34] 宋杨,马士宾,魏连雨,等.柔性基层耐久性沥青路面结构力学分析[J].中外公路,2015,35(5):94-98.

[35] 杨永顺,王林.永久沥青路面设计方法研究[R].2008.

[36] 孙策.长寿命沥青路面疲劳模型及设计指标分析[D].哈尔滨:哈尔滨工业大学,2015.

[37] 郑健龙,吕松涛,刘超超.长寿命路面的技术体系及关键科学问题与技术前沿[J].科学通报,2020,65(30):3219-3227.

[38] 胡玥,臧国帅,孙立军,等.沥青路面结构层模量反演最佳特征点的确定[J].科学通报,2020,65(30):3287-3297.

[39] 王旭东,周兴业,关伟,等.沥青路面结构内部的力学响应特征及分析[J].科学通报,2020,65(30):3298-3307.

[40] 中华人民共和国交通运输部.公路路基设计规范:JTG D30—2015[S].北京:人民交通出版社股份有限公司,2015.

[41] AASHTO. AASHTO Guide for design of pavement structures[S]. American Association of State Highway,1993.

[42] SHELL International Petroleum Co. Ltd. SHELL Pavement Design Manual-Asphalt Pavement and Overlays for Road Traffic[S]. Landon,1978.

[43] Autret, P., De Boissoudy, A. B. and Marchand, J. R. ALIZE Ⅲ practice. Proceedings, 5th International Conferences on Structural Design of Asphalt Pavements[J]. Chicago: International Society for Asphalt Pavements, Vol. 1, Ann Arbor,1982:174-191.

[44] ARA, Inc, ERES Consultants Division. Guide for Mecha-nistic-Empirical Design of New and Rehabilitated Pavement Structures[M]. NCHRP 1-37A Final Report,2004.